GEORG KULLIK · HANS HARRO HANSEN

# Das Haus auf dem Deich

Geschichten zur Geschichte der Uthlande

VERLAG DIETER BROSCHAT · NORDSTRAND

*Es ist genug, daß ein jeglicher Tag
seine eigene Plage habe.*

Matthäus 6, 34

*Die Illustrationen fertigte Rainer Runge*

*2. überarbeitete Auflage*

ISBN 3-924 256-37-3

*Impressum:*

© 1989 im Verlag der Druckwerkstatt Nordstrand
Dieter Broschat, 2251 Nordstrand
Gesetzt aus der 10 Punkt mageren und kursiven Baskerville

Printed in Germany

## O weh, der Küste Frieslands

Wenn im Reigen der Gestirne
parallel die Sonne, Mond und Erde zueinander stehn
im All, am Rande der Unendlichkeit,
das ewig göttliche Geschehn,

die Kräfte sich vereinen,
zu bilden des Naturgesetzes Macht und Stärke,
ist dies von Einfluß auf die Erde,
krönt Gott hier seine Werke.

Denn durch die Fliehkraft der Planeten
unterstützt man gegenseitig sich im Tun,
im Spiel liebäugelt man und zieht sich an,
bis es perfekt, will man nicht ruhn.

Dies läßt entstehen Ebb und Flut auf Erden,
den Rhythmus der Natur in Ewigkeit,
das Auf und Ab der Wassermassen
birgt in sich die Gezeit.

Doch nun zum Zyklus der Planeten,
die regelmäßig stehn im Raum der Zeit,
die Bahnen unterschiedlich zueinander
ist man zum großen Treff bereit.

Man trifft sich alle zwei Wochen
zum großen Spiel im All, die Stätte,
voll Ungestüm die alte Erde
wird heiß und kalt ihr um die Wette.

Das hat zur Folge an den Küsten
des Sturmesbraus und Wassersnot,
läßt hoch hinaus die Welle schießen,
um zu verbreiten große Not.

O weh, die Küste Frieslands
wird dann gar hart bedrängt,
das grausge Spiel der Ungetüme Wollust,
am Ende Mensch und Vieh ertränkt.

Ist dann die graue Flut vorüber,
der junge Morgen zaghaft graut,
sind auch die Wunden tief geschlagen,
trotz allem man auf die Zukunft traut.

Denn durch den unbeugsamen Willen,
ist man zum ständigen Kampf bereit,
zu trotzen dieser Urgewalten,
im Antlitz der Beharrlichkeit.

Es hat geprägt von altersher
das Wesen, das sich Friese nennt,
still, schweigsam, frei und nie in Ketten
im heiligen Schwur man sich dazu bekennt.

Drum möge des Natures Allmacht
verlöschen nie die letzte Glut,
das ewig Fortbestehen dieser Tugend
des Erbes höchstes Gut.

Hans Harro Hansen

# An den Anfang gestellt

Die Geschichte dieses Hauses ist ein Stück Geschichte von Nordstrand, eine Insel unter dem Meer. 1634 versank der Alte Strand in einer Nacht durch eine gewaltige Sturmflut. Dieses Ereignis ist den Leuten hierzulande so lebendig wie ihre eigenen Lebensabschnitte. Dank niederländischer Siedler, die unter hohem persönlichen Einsatz und vieler finanzieller Verluste sich beteiligten, konnte Nordstrand wieder eingedeicht werden und hat sich im Laufe von 350 Jahren zu einem neuen Leben entwickelt. Diese Geschichte ist nicht die Geschichte der Insel. Allenfalls sind zum Verständnis bruchstückhaft historische Zusammenhänge dargestellt. Die Geschichte erhebt nicht den Anspruch, personengenaue und getreue Angaben zu machen. Zu vieles liegt, auch was das Haus betrifft, im Dunkeln. Es ist immer nur ein Tagelöhnerhaus gewesen. Wer schenkte schon einem Tagelöhner Beachtung? Wo sich Lücken aufzeigten, mußte die Phantasie aushelfen.

Das Haus steht 170 Jahre auf dem Deich. Es hat viele Besitzer, wechselvolle Zeiten erlebt. Es konnte nur deshalb so lange überleben, weil sich immer wieder Menschen fanden, es zu bewohnen, zu erhalten und an die Nachwelt weiterzugeben. Dieses Haus zu besitzen ist auch eine Herausforderung, nicht nur an eine rauhe, unerbittliche Natur, sondern auch eine ganz bestimmte Einstellung zum Leben: Verzicht auf konsumorientierte Lebensweise und Karrieredenken in Fünfjahresplänen, das, was man heutzutage das alternative Leben nennt. Früher wie heute ist dies nicht einfach.

Gebaut wurde das Haus auf dem Deich des Elisabeth - Sophien - Koogs, umgeben von großen Bauernhöfen, in einer kleinen selbständigen Gemeinde innerhalb des politischen Nordstrands. Man mag dies einen Anachronismus nennen, sicherlich ist es das auch. Doch ist dies auch ein Zeugnis des Selbstbehauptungswillens einer klassischen Koogsgemeinschaft, wie es sie an Nordfrieslands Küsten in so lupenreiner Form kaum noch gibt. Alter Siedlerstolz und alte Siedlermentalität zeigen sich hier ungebrochen, wenn sich auch hier und da Risse im Gebälk dieser so einzigartigen Welt auftun. Für den, der hier Urlaub macht, mag dies ein letztes Stück Zeugnis einer unverwalteten Welt sein. Für den aber, der hier lebt, ist es ein stetes Ringen nahe der See. Und das freilich prägt die Menschen.

Am 22. Februar 1981 sollte und wollte ich zum Siedler werden. Es war nicht der große Traum, den ich als Kind geträumt hatte. Das war nicht die Verwirklichung meiner kühnen Vorstellungen aus einer kleinstädtischen verkrusteten Beamtenwelt auszubrechen, um an fernen Gestaden zu einem neuen Ich zu finden. Es war die Suche nach einer neuen Bleibe, der Not gehorchend, ein Zuhause zu finden, das ich verloren hatte.

An diesem 22. Februar hatte ich ein heruntergewirtschaftetes und alleingelegenes Haus, hoch oben auf dem Deich, gekauft. Ich kannte es nur vom Ansehen, wußte aber aus vielfältigen Besuchen der Küste, wie sehr mir die einsame Lage dieses Hauses nahe der See gefiel. Daß es zu dem Zeitpunkt, als ich liquide war, zum Kauf angeboten werden sollte, mag Zufall gewesen sein. Ich jedenfalls hatte mich, ohne lange zu überlegen, zu diesem Schritt entschlossen.

Mit dem gedämpften Verständnis des Husumer Advokaten, der um das Weltbild eines Dorfes hinter den Deichen weiß, verliefen dann auch die notariellen Formalitäten gleich einer Zeremonie. Die Atmosphäre verlangte Respekt, und die Handlung war getragen von einer gewissen Feierlichkeit. Immer noch, wie schon vor tausend Jahren, ist auch in diesen Zeiten Klei zu besitzen der absolute Maßstab in den Uthlanden. Das Ansehen eines Menschen richtet sich hier draußen nicht nach seinem Können, seiner Überlegenheit und seinen schöngeistigen Worten, sondern ausschließlich nach der Größe seines Kleibodens und ebenfalls danach, was er tut. Das war schon zu Zeiten eines August von Bestenborstel so, einst mächtiger Staller auf dem Strand, dem es nicht gelungen war, die alt eingesessenen Bauern von der Notwendigkeit, die Deiche zu verstärken, zu überzeugen und der mit eigenen Augen mit ansehen mußte, wie in einer Nacht der Strand von der See zertrümmert worden ist. Das mußte Hans Momsen aus Fahretoft begreifen, der Mann, der nie eine ordentliche Schulbildung genossen hatte und von einfacher Herkunft war, am Ende seines Lebens Holländisch, Englisch, Französisch und Latein konnte, dabei kaum aus seinem Heimatort herausgekommen, eine Orgel baute, die seine Kirche nicht haben wollte. Der Nordstrander Ingwer Ludwig Nommensen, der aus ärmsten Verhältnissen kam, der kein Schiff und keinen Kapitän fand, um ihn mitzunehmen, ein frommes Werk zu beginnen. Er wurde der Begründer der Batakkirche auf Sumatra, der größten evangelischen Volkskirche Asiens. Bernhard Dose, den man den „Archimedes von Nordstrand" nannte, verblüffte Laien und Fachwelt seiner mathematischen Fähigkeit wegen. Er fuhr den größten Teil seines Lebens als Maschinist auf einem Fährdampfer. Selbst Theodor Storm hatte sein Leben lang darunter gelitten, und sein Schimmelreiter Hauke Haien fand gar den Tod darüber. Auch Emil Nolde war zu sehr Nordfriese, um nicht zu wissen, daß seine Kunst daheim als brotlos galt. Nicht umsonst umgab er sich an seinem Ruhesitz in Seebüll mit einer Landwirtschaft, ohne jemals dazu eine Beziehung gehabt zu haben.

Darum war es auch nicht erstaunlich, daß der Notar nicht nur bestens darauf vorbereitet war, was die Vertragsangelegenheiten betraf, sondern auch über Eigenheiten, Geschichte und Besonderheiten des zu verhandelnden Objektes. Man kauft und verkauft hierzulande nicht einfach. Das ist wie mit der Ehe. Man geht sie nicht leicht ein, und man scheidet sich so gut wie nie. Das sind nun einmal die Eigenarten dieses Landes, geboren aus dem Zwang heraus, stets und ständig den menschenverachtenden Elementen Wind und Wasser ausgesetzt zu sein. Die Uthlande ist und bleibt mitten im Herzen eines technisierten und urbanisierten Europas, Entwicklungsland. Es wird in Generationen gedacht, geleitet von einem Pioniergeist, der sich mit der Bodenständigkeit und in der Behauptung im Kampf um das Überleben auszeichnet. Das macht diese amphibische Welt so anziehend und fremdartig zugleich.

Als sich die Scheinwerfer meines Autos an diesem frühen Abend auf dem schmalen Weg zum Deich hinauftasteten, Regen gegen die Scheiben klatschte, der Wind um die Ecken heulte, wußte ich nicht, ob ich glücklich, stolz, zufrieden sein sollte. Ich stand schließlich wie ein Fragezeichen gegen den Wind gelehnt auf meinem Grundstück, bewegte die Beine zu schweren Schritten auf naßgetränktem Boden, sah zum Schornstein hinauf, der verwittert in einen schmutzig grauen Himmel ragte, hörte das Jammern des Windes im Geäst der alten Rüster. Von dieser Stunde an wußte ich, was es bedeutet „Klei unter den Füßen" zu haben und nahm die Herausforderung an, die sich mir stellen würde. Vor meinem inneren Auge sah ich sie, die ersten Siedler, die ins Land gekommen waren, Torf stachen, Salz daraus siedeten, Warften anlegten. Häuser darauf bauten, Deiche zogen, Vieh zu züchten begannen, Getreide anbauten. Das alles im Angesicht und durch die Bedrohung der See, die sich von Zeit zu Zeit das wieder nahm, was man ihr mühsam abgerungen hatte, die Menschenwerk binnen Stunden zerstörte, damit der Mensch von neuem anfing, Deiche zu bauen, Land zu pflügen, Vieh zu halten. Kein Binnenländer kann wissen, was es bedeutet, immer wieder neu zu siedeln. Diese Herausforderung begreift nur derjenige, der hier lebt. Sicher, früher wie heute ist der Boden mit Fruchtbarkeit gesegnet. Und es gibt und gab ernstzunehmende Stimmen, die behaupten, die Bauern wären am Wohlleben umgekommen, wenn nicht die Flut die Deiche durchbrochen und den Alten Strand verwüstet hätte. Man sagt den Friesen einen trutzigen Individualismus nach. Das mag durchaus zutreffend sein, doch ihr Leben gleicht dem Leben aller Menschen. Alles liegt viel dichter beisammen. Haß und Liebe, Mißgunst, Neid und Wohlwollen gestern noch groß dagestanden und morgen gebeugt.

Das Haus liegt auf dem Deich, abseits der eigentlichen Marschenbesiedlung. Es ist ein ehemaliges Tagelöhnerhaus, von armen Leuten errichtet, die sich eine eigene Warft nicht leisten konnten. 1845 hat es sechs solcher Häuser gegeben. Mein Haus hat als letztes und einziges überlebt. Und es liegt in unmittelbarer Nähe des Punktes, von wo aus das größte Deichbauprojekt in der Geschichte Nordfrieslands, die Eindeichung der Nordstrander Bucht, seinen Beginn genommen hat. 3310 ha Vorländereien und Wattflächen wurden neu bedeicht. Es ist ein umstrittenes Projekt, was Naturschützer und Ökologen auf der einen Seite und Landsicherer auf der anderen keineswegs näher gebracht hat. Der Jahrhunderte alte Streit um Deiche, Deichprofile, Vorländereien, Landschutz und Küstensicherung ist von neuem entflammt mit einer bisher nicht gekannten Vehemenz. Das alte Wort „Trutz Blanke Hans" hat in den letzten Jahren wieder an Aktualität gewonnen und ausgerechnet den Elisabeth-Sophien-Koog zu einer neuen, wenngleich etwas schillernd-traurigen Berühmtheit werden lassen. Nordstrand ist als Insel im Wattenmeer weggedeicht.

Die Deichbaumaßnahme in der Nordstrander Bucht hat den Bereich der nordfriesischen Küste weit über seine Grenzen hinaus in das öffentliche Interesse gerückt. Erstaunlicherweise aber hat dieses Vorhaben die Gemüter der Menschen hierzulande nicht so bewegt, wie das Gesetz über den „Nationalpark Schleswig - Holsteinisches Wattenmeer".

Der nüchterne und sachliche Kampf mit der Nordsee: Deichbau, Küstensicherung, Landgewinnung konnte in der langen Geschichte dieses Landes das Weltbild der Friesen nie ernsthaft ins Wanken bringen; schließlich hat das alte Wort „De nich will dieken, de mut wieken" seine Gültigkeit bis zum heutigen Tage behalten.

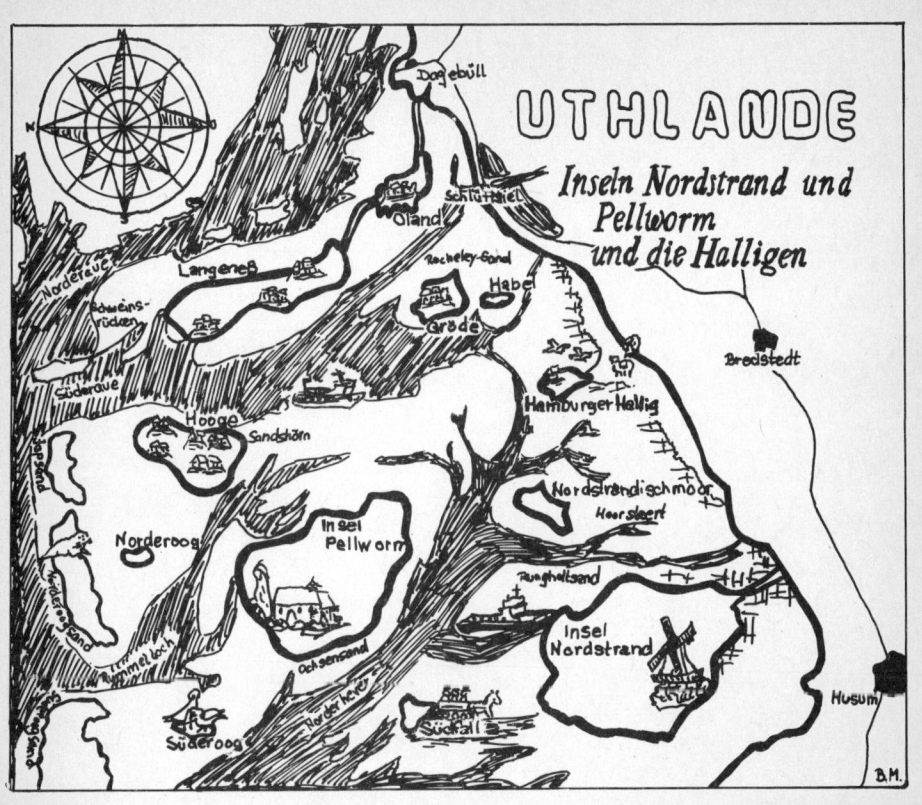

11

## Mit dem Funzellicht in die Vergangenheit

Von meinem Vorbesitzer habe ich nichts mehr gesehen. Ich weiß von ihm nur seinen Namen. Er hatte dieses Haus sieben Jahre lang besessen, mehr als Wochenendhaus, als zu Wohnzwecken. Warum und weshalb es zum Verkauf kam, weiß ich nicht. Nur eins wußten die Bauern aus der Umgebung zu berichten, daß sie nie so viel am Ende dieses Deiches zu tun gehabt hätten, als an schönen Sommertagen in diesen Jahren, der vielen Frauen wegen, die sich häufig und ungeniert im Garten gesonnt hätten. Monate später nach dem Kauf sah ich zufällig, wie eine Frau gedankenverloren um das Haus ging. Mir war, als suche sie etwas, was verloren gegangen war. Bevor ich sie jedoch ansprechen konnte, wanderte sie dem Meer zu. Ich sah ihr nach, wie sie immer kleiner wurde, und um schließlich als sich bewegender Punkt am Horizont im Nichts der Weite zu verschwinden.

Im März hatte ich dann endgültig von meinem „alten" Hause Besitz ergriffen. In mir begann eine Ahnung zu keimen, die mich begreifen ließ, welch ein Berg an Arbeit vor mir lag, um Haus und Hof in den Zustand zu bringen, der einigermaßen meinen Vorstellungen entsprach. Die scharfe Märzluft hatte das Land abtrocknen lassen. Es begann neues Gras zu sprießen. Noch waren die Felder unbelebt, aber Seevögel flatterten schon mit unruhigem Balzgeschrei im Vorland und auf den Fennen herum. Vereinzelt blökten frisch geworfene Lämmer zwischen den immer größer werdenden Herden der Schafe, die auf das Halligland, jene Vorländereien vor den Seedeichen, getrieben wurden.

Der Deichgraf und wohl größte Bauer im Koog machte einen Antrittsbesuch. Er beklagte sich über den wenig einladenden Eindruck des Grundstücks, wie es der Vorbesitzer hinterlassen hatte. Während die Zimmerleute auf dem Dachboden das morsche Holz erneuerten und eine schmucke Gaube einzubauen begannen, die Maurer aus dem ehemaligen Stall die Schweinekoben herausbrachen, flickte ich dies und das, pflanzte Obstbäume und Beerensträucher zur Verwunderung einheimischer Schaulustiger, die nicht davon überzeugt waren, in dieser, dem Wind so schutzlos preisgegebenen Lage, mich jemals Äpfel und Birnen ernten zu sehen.

Der Mai war ins Land gekommen. Die Insel hatte ihr Hochzeitskleid angelegt. Um mich herum wogten im Winde leuchtend gelbe Rapsfelder. Von den Halligen her brachte der Wind den Geruch und die Würze des Halligflieders mit. In den Gräben begannen die Frösche zu quaken, Austernfischer, Säbelschnäbler und Kiebitze gingen zum Schmettern des Liedes der Lerche ihrem Brutgeschäft nach. Der Wind strich schon merklich lauer durch die Äste und um das Haus. Über den Feldern stiegen Bussard und Rohrweihe in den meist wechselvollen hohen Himmel. Ich hatte mein Haus leuchtend weiß gestrichen. Mein Grundstück war nun auch Heimstatt für Hühner, Enten, Gänse, Igel und Iltis geworden. Die ersten Schwalben saßen auf den Lichtdrähten, und die Stare fütterten ihre junge Brut.

Mich hatte die viele Arbeit und die Sichtbarkeit des Fortschritts zufrieden gemacht. Wenn ich an solch schönen Abenden im blühenden Garten saß, umgeben von dem herben Liebreiz meiner Weltabgelegenheit, fingen meine Gedanken an zu wandern. Dann glaubte ich auch Nis Puk verschmitzt lächelnd im abgeschabten Rock, die Holzschuhe ausgezogen, die Wollmütze zum Lüften über die Knie gelegt, auf dem Schornstein sitzend sich bei mir heimelig zu fühlen. Der Wind summte sein Abendlied und draußen vor dem Deich murmelten die Wellen allerhand wunderliches Zeug.

Die Vergangenheit der Uthlande ist voll von Gespenstergeschichten aus grauester Urzeit. Es gibt die „Gongers" und „Wogenmänner", Figuren, die nach dem Tode keine Ruhe finden und allenthalben herumspuken. Die Überlieferung will wissen, daß es sich um erschlagene Schiffbrüchige handelt, die keine Grabesruhe finden, was an die Untaten früherer Zeiten erinnert, denn es war durchaus üblich, noch lebende Besatzungsmitglieder gestrandeter Schiffe umzubringen, um des Strandraubs wegen keine Zeugen zu haben. Aus den Aufzeichnungen früherer Chronisten spürt man den Schauder, wenn über die Sitten und Rechtsgewohnheiten der frühen Friesen berichtet wird. Die Christianisierung drang erst sehr spät hierher vor. Das alles hat bis in jüngste Zeiten hinein bewirkt, daß ein großer Schatz an Sagen und Märchen lebendig geblieben ist. Der Christengott hatte es schwer, als Friesengott anerkannt zu werden. Zutiefst sitzt hier in den Menschen dieses Landes der Zweifel an eine gottgerechte Wahrhaftigkeit. Man rechnet sich aus, was man zu zahlen hat für seine menschliche Unzulänglichkeit, man vertraut ihm nicht so ohne weiteres sein Leben, sein Hab und Gut an, denn zu oft mußte man mit ansehen, wie lebenslange Schinderei binnen Stunden zu einem Nichts wird. Immer noch muß alter mythischer Glaube herhalten, wenn es draußen unheilvoll zu branden beginnt, und es darum geht, Wind und Wasser unter die Regie des Menschen zu zwingen. Immer noch hält man es besser mit den Ahnen, vor allem mit Nis Puk. Diese Koboldfigur vergangener Tage, ein kluger Greis, hat sich mit den Menschen arrangiert. Die, die ihm Wärme, Zuneigung und Geborgenheit vermitteln, in einer rauhen Natur, auf seine alten Tage. Die die ihm dankbar das Schüsselchen Milch täglich hintellen, selbst wenn die Katze sie nimmt, die, die ihm das Heulager bereiten im warmen Kuhstall; bei diesen Menschen bleibt Nis Puk als der gute Geist des Hauses. Wo es ihm nicht mehr gefällt, da zieht er aus. Dann, so will es die Überlieferung wissen, liegt kein Segen mehr auf des Menschen Handwerk. Ich glaubte ihn gesehen zu haben, den guten alten Puk.

Der Sommer hatte seinen Höhepunkt erreicht. Duft reifenden Korns lag in der Luft. Die Fasanen samt Küken trieb es in die Grenzgräben, als die Mähdrescher ihre Arbeit begannen. Scharenweise bevölkerten jetzt Sommerfrischler und Erholungssuchende die Deiche. Ich ging häufig bei Niedrigwasser ins Watt hinaus. Immer wieder fand ich handgeformte rote Backsteine, die teils im Schlick lagen, teils aber auch zu Rudimenten geschliffen worden waren. Die

Steine im Watt, die verlassene Warft vor meiner Haustür, erregten meine Aufmerksamkeit. Als landfremder, zugereister neuer Siedler rückte die Vergangenheit in den Mittelpunkt meines Interesses. Ich begann, in alten Chroniken zu blättern und Bücher zu lesen. Anton Heimreich, Peter Sax, jeweils Pastoren zu ihren Zeiten und Augenzeugen oder Überlieferer zeitgenössischer Geschehnisse, orientieren die Geschichtsschreibung Nordfrieslands nicht an Kriegen, sondern an jenen verheerenden Fluten, die am 16. Januar 1362 und am 11. Oktober 1634 das Antlitz Nordfrieslands verwüsteten und die Landkarten völlig veränderten. Da die Vergangenheit im Schlick begraben liegt, über die Ebbe und Flut spielen und sich Seevögel tummeln, ist es nicht verwunderlich, wenn sich immer wieder Literaten finden, diese Vergangenheit lebendig zu machen. Selbst bis in heutige Tage hinein will die Mystifizierung jener dramatischen Geschehnisse kein Ende nehmen. In unserer so schnellebigen Zeit mit all den Entwurzelungen durch die Weltkriege unseres Jahrhunderts ist es auch kein Wunder, wenn durch die Flucht in die Vergangenheit immer wieder nostalgische historische Dimensionen aufgewühlt werden, weil man sich daran besser orientieren kann, als mit der Angst zu leben, die ein computergesteuertes 20. Jahrhundert uns täglich vor Augen bringt. Ich bin da keine Ausnahme.

In meiner Einsamkeit hoch oben auf dem Deich, umgeben von großen Höfen, die daliegen wie kieloben gelegte Schiffe, höre ich zwischen dem gleichförmig beständigem Ticken der alten Wanduhr das Hufgeklapper vergangener Tage. Ist es Lorenz Lewe, der 1448 vom Dänenkönig als Staller ins Amt berufen worden war und als örtlicher Gerichtsherr und Steuererheber ein mehr gehaßter als geliebter Mann war? Gewiß, Lorenz Lewe wußte um die Sorgen seines Strandes. Es waren nicht nur die Seeräuber, die immer wieder von Eiderstedt her die Insel unsicher machten. Es waren sicherlich auch die Starrköpfigkeit und anmaßende Haltung der Bauern, die kaum dazu zu bewegen waren, die Deiche in dem Zustand zu halten, der erforderlich gewesen wäre, neue Fluten wie die von 1362 abzuwenden. Er fand auch wenig Zuspruch bei seinem Landesherrn, Steuernachlässe zu gewähren. Ruhelos ritt er von Harde zu Harde wie der Schimmelreiter Hauke Haien, nur mit dem Unterschied, daß diese Bewohner der Köge aus eigenen Kräften gar nicht in der Lage waren, diese so kostspieligen und zeitraubenden Arbeiten auszuführen. Verständnis fand er nur bei den kleinen Leuten, die ihre Anwesen draußen schutzlos auf den Vorländereien gelegen hatten, für sein Werben und den Bau neuer und besserer Deiche. Damals fand man häufig Gebeine untergegangener Rungholtleute. Solche Funde riefen im Land des Aberglaubens und der Mondzeiten Wahrsagungen und Prophezeiungen hervor, an denen auch der Staller nicht blindlings vorübergehen konnte, mochte auch der den großen Bauern gleich auf einer hohen und festen Warft wohnen.

Lorenz Lewe kam aus den Reihen der Eingesessenen. Er war kein Landfremder und über sie Gesetzter. Als er 1463 bei seinem König in Ungnade fiel, weil er dem königlichen Verlangen bei der Abgabenerhebung nicht so nachkam, wie dieser es gern gesehen hätte, kamen unruhige Zeiten über den Strand. Sein Nachfolger Edlef Knutsen zettelte einen Aufstand gegen den König an, der von der Staatsgewalt blutig niedergeschlagen wurde. Lorenz Lewe gelang ein Comeback. Er wurde einer der reichsten Männer auf dem Strand. Sein Reichtum versetzte ihn in den Stand, Stiftungen zu machen im Bündnis mit der Kirche, denn die Christianisierung war formal eingeführt, kam aber nur zaghaft voran. Die weltliche Obrigkeit war ihm suspekt geworden. Er verstand sich nicht mit dem jungen Herzog Friedrich I, der, 1490 als jüngerer Bruder des dänischen Königs, Herzog von Schleswig-Gottorf geworden war. Als Landesherr kümmerte er sich sehr um die Belange seines Landes, wobei ihm Deichbau und Landgewinnung sehr am Herzen gelegen waren. Ganz anders als sein Vorgänger, machte Friedrich I die Sache der Marschen zu einem persönlichen Anliegen, nicht der Menschen wegen, sondern um seine Einnahmen gesichert zu sehen. Es ist nur allzu verständlich, daß ein alternder, vergrämter Staller dem Gebaren seines Dienstherrn verständnislos zusah, hatte er doch lange und vergeblich um dieses Anliegen gerungen. So gab er sein Stalleramt 1495 ab, dreizehn Jahre bevor er starb.

Diese Geschichte, in knappen Worten wiedergegeben, macht deutlich, daß die politischen Verhältnisse andere geworden waren. Das deutsche Reich lag in Agonie. Die Kreuzzüge hatten alle alte Kraft verbraucht. Die Besiedlung des Ostens war in vollem Gange. Von Frankreich her schimmerte der Glanz eines Ludwig XII und der Absolutismus hielt Einzug in die Fürstenhöfe. Die Uthlande waren mit einem Male nicht mehr das ungeliebte Land im Grau des Meeres, sondern schienen als Quelle unerschöpflichen Abgabensegens herhalten zu können. So begann eigentlich mit dem Abgang des Stallers Lorenz Lewe und dem jugendlichen Schwung eines Herzog Friedrich I das erste Mal in der Geschichte Nordfrieslands ein profitorientiertes Deichbauwesen seinen Einzug zu halten. Der Herzog holte niederländische Wasserbauer ins Land, die sich für gutes Geld in seine Beraterdienste stellten. Zum Teil waren es abenteuerliche Figuren mit eigenen gewinnsüchtigen Bestrebungen. Das Weltbild der Bauern begann zu wanken, denn wer nicht will deichen, der muß weichen. Jetzt geht es nicht mehr darum, der Not gehorchend das eigene Land zu sichern, jetzt ging es um allerhöchste Kabinettsbefehle. Unmut kam auf. Widerstände begannen sich zu formieren. 1615 setzte eine Flut alle Schiffe im Husumer Hafen auf die Straße. Der Zustand der Deiche auf dem Strand war so besorgniserregend, daß der Herzog schließlich 1616 genügend Geld bewilligte, das „Ilgrofer Werk" [1]) in Angriff zu nehmen. Es handelte sich hierbei um von Menschen bewohnte ungedeichte Vorländereien, die vor der See gesichert werden sollten. Doch die Bevölkerung kam mit eigenen Kräften nicht voran. Die ersten Fremdarbeiter wurden angeworben, viel fahrendes Volk war dabei. Um diese Zeit muß auch die Schubkarre erfunden worden sein, denn nunmehr wurden das erste Mal im Deichbau Menschenkolonnen eingesetzt, ein für die Eingesessenen völlig fremdartiges Bild.

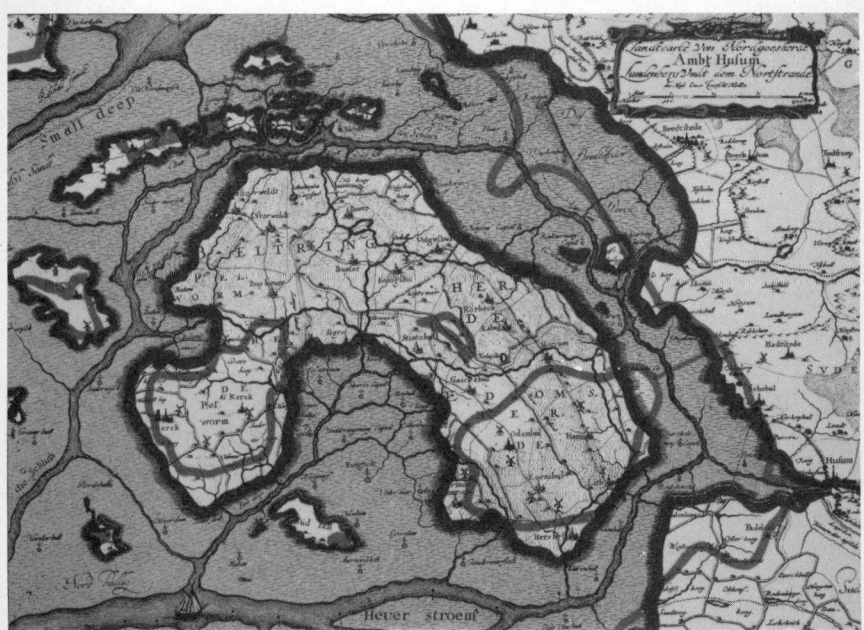

Der Alte Strand vor der Flut 1634

17

# Ghereke Schäfer

Zu Stintebüll auf dem alten Strand, zu der Zeit, als die Staller noch schalten und walten konnten wie sie wollten, lebte einst Ghereke Schäfer mit seiner Frau, der Gesine. Sie galten im ganzen Umkreis als rechtschaffende Leute. Wenn der Mann auf dem Ilgrofer Vorland die Schafe hütete, blies er auf einer Okarina religiöse und andere Lieder, so ergreifend und so schön, daß den Vorübergehenden, die zum Kirchgang nach Odenbüll gingen, das Herz bewegt wurde.

Nun geschahen aber in dieser Gegend viele Strandungsfälle. Rungholt und sein Hafen Niedam waren untergegangen. Die von weit herkommenden Kuffs und Schmackschiffe, die den Rungholter Hafen nicht mehr vorfanden und im Heverstrom ankern mußten, verirrten sich oft im tückischen Fahrwasser und havarierten nicht selten auf dem Strand.

Aber man konnte nie Menschen entdecken, nicht einmal eine Spur von ihnen. Die Schiffe lagen in der Brandung, die sie nach und nach zertrümmerte. Die Strandinger bemächtigten sich der Fracht und des antreibenden Wrackholzes.

Häufig waren Fässer mit Genever geladen. Das war ein besonders guter Happen für die Strandinger. Manchen dicken Fisch zogen sie an Land. Nie wurden Fragen nach dem Verbleiben der Besatzung gestellt. Die Hauptsache war das Strandgut. Man war froh, keine lästigen Zeugen zur nächtlichen Stunde zu haben. Keine Seele dachte auch nur im entferntesten an die armen Teufel, denen die unbetonnte und unbefeuerte Küste der Uthlande zum Verhängnis geworden war.

Nun zogen eines Tages drei junge Männer, im Frühjahr auf den 2. Ostertag, in die Fremde. Der eine war Thor Molen, Sohn des Müllers aus Bophever. Der andere hieß Bartholomäus Scroder, der war ein Schuster und der Dritte war ein Schmied namens Hinrik. Zu Morsum, wo der Hafen war, kehrten sie noch einmal in dem Wirtshaus ein, Abschied zu nehmen von ihrer Heimat. Unter-einander machten sie aus, sie wollten sieben Jahre in der Fremde bleiben. Wenn sie aber in dieser Zeit noch am Leben wären, so wollten sie sich auf den 2. Ostertag in Hamburg treffen, um miteinander heimzukehren, wie sie nun zusammen den Strand mit dem Fährschiff verließen.

Alle drei Burschen kamen weit herum. Der Müller sah sich in den Niederlanden um, lernte die Holländer-Mühlen arbeiten und erwarb sich viele Kenntnisse im Mühlenwesen. Bartholomäus Scroder hing seinen Schusterberuf an den Nagel und verdingte sich in der „Einteichung von Marschlandes". Er wurde ein versierter Landmesser und Kartograph, der die Bedeichung der Wilster Wildnis in den Elbmarschen plante. Und der Schmied Hinrik erweiterte seine Lernfä-higkeit nicht nur im Beschlagen schwerer Kaltblüterpferde, sondern auch im Schmieden von Waffen und anderem Gerät. Alle Drei waren zu tüchtigen Meistern gekommen und hatten sich ein schönes Stück Geld erspart. Wie verabredet trafen sie nach sieben Jahren in Altona ein, ein Schiff zu finden, welches sie nach Hause auf den Strand bringen sollte.

Der Müller war zuerst da, dann stellte sich der Schmied ein und zuletzt kam Bartholomäus Scroder mit Zirkel, Lineal und Wasserwaage in seinem Felleisen. Sie hatten eine große Freude, als sie einander gesund wiedersahen, erzählten von ihren Erlebnissen und tranken auf eine baldige Meisterschaft zu Hause am heimischen Herd auf dem Strand.

Ein Schiff war bald gefunden, welches nach Norden segelte und der Kapitän versprach, die Drei an Land zu bringen. So ging es dann eines Morgens die Elbe abwärts, Kurs heimwärts. Unterwegs kam jedoch schlechtes Wetter auf. Ein Sturm drückte das Schiff nach Leegerwall. Bei Rungholt geriet es auf den Sand. Die Gefahr vor Augen schnürten die drei Passagiere ihre Felleisen dicht an ihren Leib, bevor sie von der See über Bord gespült wurden. Wie ein Wunder trugen sie die Wellen an den Strand. Erschöpft und doch froh, mit dem Leben davongekommen zu sein, umklammerten sie heimatliche Erde.

Ghereke Schäfer hatte seit Stunden beobachtet, wie das Schiff in der Brandung hin- und hergeworfen worden war. Das Ächzen, Stöhnen und Jammern in Spanten und Wanten übertönte er mit den melodischen Klängen seiner Oka-rina. „Das ist Ghereke Schäfer", hauchte ermattet der Landmesser, „er holt uns heim. Wir haben als Kinder miteinander gespielt."

Doch plötzlich hörte die Musik auf. Ein Licht bewegte sich auf sie zu. Bevor sie überhaupt begriffen, angeschlagen auf dem nassen Sand liegend, schlug der Schäfer zu. Zuerst den Schmied, der sich noch einmal wild aufbäumte und dann stumm liegen blieb. Der nächste Schlag mit der treffsicher geführten Hand traf den Landmesser. Wimmernd ertrank er im eigenen Blute. Als sich der fromme Schäfer nun dem Müller zuwandte, ihm mit der Axt den Schädel zu spalten, ergriff dieser panisch und mit letzten Kraftanstrengungen die Flucht, stürzte kopfüber in einen Priel und wurde von dem Wasser fortgezogen wieder in das nächtliche Meer hinaus.

Ghereke Schäfer hatte die Schiffbrüchigen in der Dunkelheit und in seiner Beutegier nicht als seine Landsleute erkannt. Er nahm ihnen die Felleisen ab, leerte ihre Taschen und vergrub die Leichen da, wo sie angetrieben worden waren, gleich tierischen Kadavern. Am nächsten Tag rollte das Meer über diese Stätte hinweg und hinterließ keine Spuren im Sand.

Der Müller aber, der den Schäfer als Strandräuber erkannt hatte, konnte sich retten. Als einziger kam er über die Hattstedter Fähre heim in seines Vaters Mühle. Er freute sich über guten Wind und seine Geschäfte gingen gut. Er wohnte auf einer hohen Warft und verlor nie ein Wort über seine Heimkehr oder über das Los seiner Kameraden. Freilich, er mied auch die Ilgrofer Bucht, wie viele auf dem alten Strand. Nicht nur eiserne Becken, metallene Kessel aus dem alten Rungholt trieben hier an, sondern auch menschliche und tierische Gebeine, die das Meer so nach und nach wieder freigab.

Ghereke Schäfer aber setzte sein ruchloses Handwerk fort. Strandraub war ein gängiges und gebräuchliches Erwerbsgeschäft, über viele Jahrhunderte Gewohnheitsrecht, die der friesischen Küste in Schiffahrtskreisen einen schlimmen Ruf einbrachte. Strandraub brachte allemal mehr ein als mühsam Ackerbau und Viehzucht zu treiben.

Nur einmal, am 2. Ostertag, 17 Jahre später, trafen Ghereke Schäfer und der Müller Thor Molen nach dem Kirchgang aufeinander. Keine Hand erhob sich zum Zeichen des Grußes. Geduckt begegneten sie sich.

Die Uthlande sind flach gebreitet, blaß und klar in ihren Farben wie ein reinlich gehaltenes Kleid. Es haftet kein Schmutz daran. Regen und Sonne, der ewige Wind und das ewige Meer waschen und bleichen das Land immerwährend. Menschen kommen und sehen diese Reinheit und die unendliche Weite, erleben tosende Stürme und duftende Frühlingstage und sind berauscht.

Dämmerung liegt über Meer und Land. Dämmerung und Stille. Es ist etwas besonderes um die Stille in diesem Land des Windes. Sie ist heilig, erschütternd, gewaltig. Diese Stille ist es, was die Menschen in heimlicher Kraft immer wieder aus der lauten Welt zu diesen Inseln zieht.

RAINER RUNGE 8º

21

## Mit der Groma fing alles an

An manchen Tagen kann ich mich nicht sattsehen am platten Land. Wenn der Wind einen Regenschauer nach dem anderen über den Deich vor sich herjagt, das Wasser gegen die Scheiben klatscht und ein Regenbogen das Land verzaubert, fallen mir Geschichten ein.

Wo kamen sie eigentlich her, die Friesen? Niemand weiß es genau. Dieses Dunkel ist bezeichnend. Man sagt, die Friesen seien aus Nordholland gekommen und aus dem Niederrheingebiet, über das „Friesenmeer", die Nordsee. Für sie muß es das gelobte Land gewesen sein: eine grüne Ebene und am Horizont im glitzernden Blau das Meer, sanftmütig und als unberechenbare Größe von den Menschen nicht erkannt.

Für die ganze Verkehrs- und Wirtschaftsgeschichte Europas war der Bernstein-handel in der Bronzezeit der Ausgangspunkt. Von der jütischen Halbinsel bis hinunter an das Mittelmeer führten einst auf Land- und Wasserwegen die Bernsteinstraßen, die Fernhandelsstraßen. Bis in die Tiefen des römischen Imperiums hinein galt der Bernstein, das „Gold des Nordens", als eine Handelsware, dessen Wert mit Sklaven verrechnet wurde. Wenn die Schiffe der Friesen zurück in ihre heimatlichen Häfen kamen, waren sie vollgeladen mit den Produkten des Nordens, mit Vieh und Salz, Pelzen und Bernstein. Der Handel lohnte sich. Das sprach sich herum.

Wer aber war vor ihnen dort? Um die Jahrhunderte um die Zeitenwende müssen hier Menschen gelebt haben. Sie wußten nichts von Deichbau und Landgewinnung. Sie waren Jäger und Sammler und Meer und Stürmen hilflos ausgeliefert. Sie schützten sich und ihre Wohnstatt durch jene „Maulwurfshügel", die man früher als Wurten oder Werfen bezeichnete und die man heute Warften nennt, durch künstlich aufgeschüttete Erdhügel. Bedingt wohl durch den Anstieg des Meeres, allgemeine Klimaverschlechterungen und eine Enge des Lebensraumes trat ein Bevölkerungsschwund ein. Die Feuerstellen dieser Menschen verloschen. Nordfriesland trat vorübergehend in den Geschichtsschatten. Übriggeblieben sind die vielen Sagen und Märchen von den Unterirdischen, die von zwergenartiger Gestalt in Höhlen und Hügeln hausten, sich vor den Menschen nicht mehr sicher fühlten. Vielleicht hat es Kämpfe gegeben? Vielleicht wurde die Urbevölkerung gewaltsam vertrieben, ausgerottet? Wir wissen es nicht. Von den frühen Siedlern bleibt nur eine vage Spur. Sie spuken im Untergrund der Geschichte, die von früh an auch die Geschichte des Deichbaus ist. Den hätten sie nicht erfunden, sagt man, den Lebensnerv des ganzen Landes; denn deichähnliche Anlagen wären schon zur Römerzeit am Rhein vorhanden gewesen. Wenn es stimmt, daß ihre Vorfahren von dort kamen, die ihre Kenntnisse mit- und einbrachten in eine Natur, die so ganz anders ist, als die des deutschen Vaters von manchem Wein- und Wiegenlied, dann war dies eine Sternstunde in der Geschichte der Menschheit. Freilich verläuft sie ganz unromantisch und wird ohne großen poetischen Schwung beschrieben.

Versetzen wir uns einmal in die Zeit des römischen Eroberers Claudius Drusus (38 - 9 v. Chr.). Gallien war befriedet. Die römische Kolonisation drang immer weiter nach Norden vor. Bei den Römern war erobertes Land zunächst Staatsland. Der römische Senat setzte eine Gründungskommission ein, die es übernahm, die Grenzen des Territoriums festzulegen, auftauchende Streitigkeiten unter den Neusiedlern oder mit den Altbesitzern zu schlichten, der Stadt die Verfassung zu geben, die ersten Beamten einzusetzen. Am Rande jenes westgermanischen Volksstammes an der heutigen deutschen und niederländischen Nordseeküste, den Friesen, sollte Castravetera, das heutige Xanten am Niederrhein, gegründet werden.

Zum Stab einer solchen Gründungskommission gehörten auch die Agrimensoren, die die Vermessung des Terrains vornahmen, es in Flächeneinheiten gliederten, die dann in gleichen Teilen zu Parzellen abgegeben wurden.

Ein solcher römischer Agrimensor mag Flavius Cornelius geheißen haben. Er war eigens aus Caesarea in Judäa abberufen worden, die wie alle Städte im römischen Reich auf dem Reißbrett geplant, vermessen und mit genialer Ingenieurleistung aufgebaut worden war. Dieser Flavius Cornelius hatte einen weiten Weg hinter sich. Begleitet von den Legionären Cirvea und Glarus war er mit den Limespatroullien nach Norden gereist. Er führte großes Gepäck mit sich: Meßketten, die Decempeda, eine zehn Fuß lange Meßlatte, die Groma und vor allem den Chorobat, ein tischartiges Gebilde mit einer Wasserrinne auf der Oberfläche, der antike Vorläufer der modernen Wasserwaage. Clarus und Cirvea hatten ihre Plage mit dem Handwerkszeug, zumal Flavius Cornelius sie immer wieder dazu anhielt, mit diesen Gerätschaften sorgfältig umzugehen, waren sie doch die Grundlage seiner Vermessungskunst. So mögen sie heimlich und untereinander geflucht haben der Beschwernisse wegen, die ihnen dieser Senatsbeamte aufbürdete. Aber auch Flavius Cornelius mußte sich gehörig umstellen. Er fand keine sonnigen Mittelmeergestaden vor und keine sanfte Ebene, die des Planers Herz hätte höher schlagen lassen. Er fand etwas ganz anderes: Eine einzige große Herausforderung, ein Land von Wasserläufen durchzogen, eine Flußmarschlandschaft mit weitem Grasland und urwaldähnlichen Baumbeständen.

In dieser Landschaft nun sollte der Landmesser Flavius Cornelius gleichgroße Rechtecke einmessen, Straßen planen und das Wasser kanalisieren. Er sollte den Schnittpunkt von Kardo, die Nord-Süd-Achse und die in Ost - West -Richtung verlaufende Linie Decumanus Maximus ermitteln. Das war der Mittelpunkt einer jeden römischen Stadt daheim und im ganzen Reich. Immer lag das gleiche planerische Schema zugrunde.

Flavius Cornelius stand vor einer ungeheuer schwierigen Aufgabe auf sumpfigem, moorigem Gelände am Rande römischen Territoriums im kalten Norden. Der sonnenverwöhnte, thermenkennende römische Landmesser hatte eine Aufgabe zu bewältigen, die zu Recht als eine der großartigsten Pionierleistungen der antiken Baukunst geschildert wird.

So sieht man ihn dann an einem sonnigen Vormittag, bewacht von Legionären, begleitet von den eingesessenen Sklaven Kees und Jaap, die seine Gerätschaften tragen, im hohen Gras einherschreiten. Immer wieder hebt er den Blick in den Himmel, prüfend den Stand der Sonne beobachtend. Als diese nun im Zenit stand, wußte Flavius Cornelius um die Himmelsrichtung. Von Süden ließ sich Norden bestimmen und die Ost-West-Richtung errechnen. Der Landmesser hieß seine Gehilfen die Groma auf einen von ihm bestimmten Punkt zu setzen. Die Groma war ein horizontales rechtwinkliges Lattenkreuz, drehbar auf einem gekröpften Stabstativ befestigt. Über Lotschnüre an den Enden des Kreuzes wurden im Gelände Geraden und rechte Winkel einvisiert, festgelegt und auf Karten gezeichnet.

Die Groma war das einfachste aller antiken Nivellierinstrumente, welches das Hauptinstrument der römischen Landmesser bildete. Als Verbesserung der Groma muß der Chorobat bezeichnet werden, ein tischähnlicher Apparat als Visierinstrument. Groma, Chorobat und später die Wasserwaage waren ganz frühe Instrumente, die man auch beim Deichbau einsetzte.

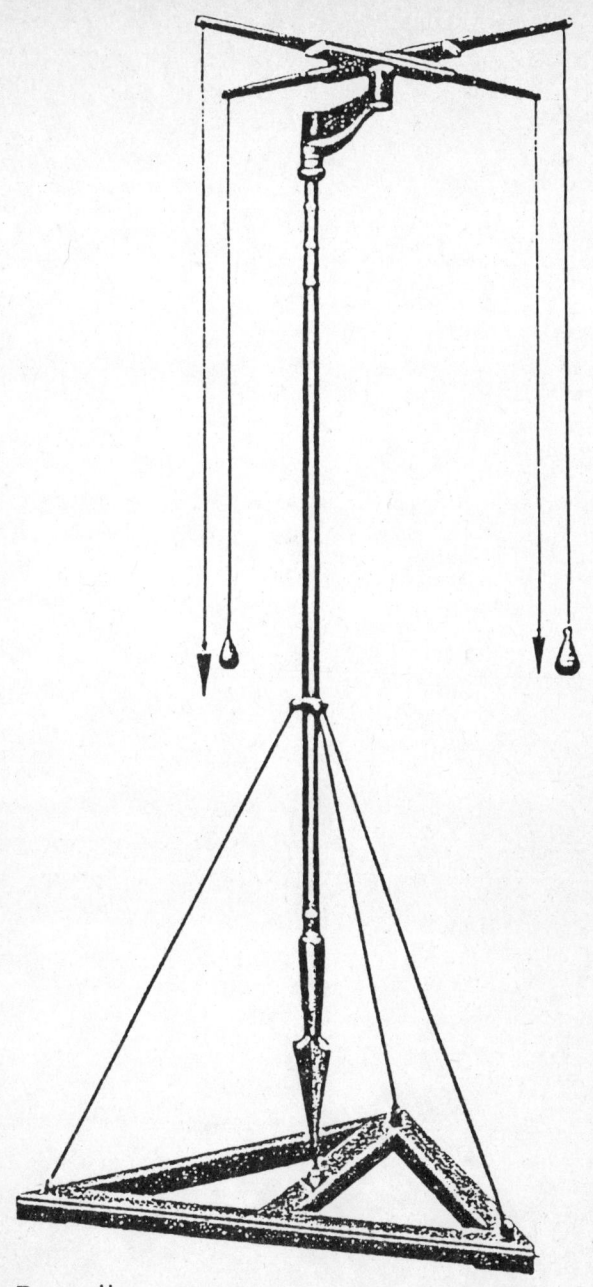

Groma aus Pompeji

Nehmen wir an, daß Kees und Jaap, die einheimischen Gehilfen des Agrimensors Flavius Cornelius überaus aufmerksam solches Geschehen betrachteten und sich in der Handhabung der Geräte übten, ja sie sogar am heimischen Herd nachbauten und ihr Wissen weitergaben.

Alle Bauwerke setzen Vermessungsarbeiten voraus. Das gilt besonders für den Wasser- und Straßenbau. Die Friesen an Nordsee und Niederrhein hatten damit ihre Probleme. So mag es kein Wunder sein, wenn die Technik der Römer Eingang in die Alltagswelt der Friesen gefunden hatte, die der dänische Geistliche und Historiograph Saxo Grammaticus noch im 12. Jahrhundert als springstabnutzende Menschen inmitten blinkender Wasserflächen schildert.

47 n. Chr. geriet das ganze damalige Friesland unter römische Oberherrschaft. Vermutlich wanderten viele Leute aus. Mit dem Seßhaftwerden hierzulande begann ihr eigentliches Problem. Das Meer gibt und nimmt. Zunächst Partner, wurde es aber auch zum Gegner.

Um 1000 n. Chr. scheinen die ersten Deiche in Nordfriesland entstanden zu sein. „Gott schuf das Meer, der Friese das Land". Dieses Wort ist nur vor dem Hintergrund zu begreifen, daß jahrhundertelang Deichbau und Landgewinnung ohne moderne Technologie betrieben wurden, nur mit Pferd und Wagen und dem Einsatz von karrenschiebenden Menschenkolonnen, wobei viele Rückschläge erlitten und die eigenen Kräfte oft überschätzt wurden.

Die niederländischen Friesen hatten längst eine eigene Technik entwickelt. Sie waren Fachleute im Drainieren sumpfiger Landflächen geworden. Immer weiter nach Norden zogen sie ihre „Stackdeiche" entlang den Flußläufen und zur offenen See hin. Die Niederungen der Weser und westlich der Elbe waren urbanisiert. Zwischen 1227 und 1237 wurde rechtselbisch gedeicht. Im Gebiet der Kremper Marsch südlich von Itzehoe zwischen Stör und Elbe sozusagen wurde auf Art der Niederländer Land gewonnen, kam „hollisches Recht" zum Zuge. Gerade in diesen Gebieten ist die klassische alte römische Vermessungskunst und Landverteilung angewendet worden.[2]

Nördlich der Eider, im heutigen Nordfriesland, werden noch keine fremden Deichbaumeister ins Land geholt. Noch werden keine Anteile am Deichbaugeschäft gezeichnet. Auf dem alten Nordstrand verteidigen friesisch-bäuerliche Koogsgemeinschaften in der Landschaft ewigen Wandels ihren Besitz vor dem „Blanken Hans" und ihre Rechte vor einer immer ausgreifenden Deichbaupolitik der Fürsten.

Fig: I.

Fig: II. Eine Stärckere Verpfahlung.

Fig: III. Damm mit Pfahlen Faschinen und Steinen

Fig: IV.

Starcke verpfahlung einer Wasser Röhre.

Fig: V.

27

Nordfriesland handelte mit Salz, ein ungewöhnlich teures und kostbares Produkt und einzig bekanntes Konservierungsmittel für Fisch und Fleisch zu seiner Zeit. Man gewann das Salz aus dem Torf im Meer und hatte einen ungeheuren Wettbewerbsvorteil. Bald sprach man davon, daß es in den Häusern der Uthlande mehr Silber gäbe, als gewöhnliches Erz. Daran mag schon etwas gewesen sein, wenn man bedenkt, daß man in dem untergegangenen Rungholt noch Jahrhunderte später einen reichen und hochmütigen Handelsplatz sah.

Am 16. Juni 1883 bringt auch Nordstrand seinen Flavius Cornelius hervor. Er war kein Landmesser, kein Deichbaumeister. Er war ein Bauer ganz besonderer Art. Andreas Busch, der sich sein Wissen autodidaktisch aneignete, wurde zum Entdecker Rungholts. Schon als Kind galt sein besonderes Interesse der Technik und der Mathematik. Sein ganzes Leben lang befaßte er sich mit der Erforschung Rungholts. Er nahm im Watt Peilungen und Messungen vor und notierte alles genau. So fand er in den 20er und 30er Jahren unseres Jahrhunderts nahezu 30 Warftenreste, bis zu Hundert Brunnenringe, alte Pflugspuren und Deichreste aus der Zeit vor 1362. Andreas Busch fand heraus, daß Rungholt eine weit auseinandergezogene Siedlung war, die für etwa zweitausend Personen angelegt worden war. Betrachtet man die Besiedlungsdichte im damaligen Nordfriesland, so muß es sich um eine ganz beachtliche Ortschaft gehandelt haben.

Die Rungholtforschung wurde durch Andreas Busch geprägt. Sein Forschergeist ließ ihn bis zu seinem Tode nicht ruhen. 89jährig starb er 1972 als anerkannter Heimatforscher, der die Universitätsmedaille der Christian Albrecht Universität und die Ehrendoktorwürde der Kieler Universität erhielt.

## Des Herzogs Staller

Es ist Spätsommer geworden. Auf den Fennen stand sattes Vieh. Die Traktoren arbeiteten rund um die Uhr, eine neue Saat in die Erde zu bringen. Die jungen Austernfischer standen noch flügellahm an den Abbruchkanten oder hockten auf den Lahnungen. Draußen im Holmer Siel spülte den ganzen Sommer über ein großer Saugbagger Sand und Schlick. Bulldozer, Planierraupen und Bagger schoben unaufhörlich einen neuen Deichfuß in das Watt. Man begegnete jenen merkwürdigen Erscheinungen, die nur im Frühjahr und im Herbst, an ganz bestimmten Tagen, zu sehen sind: die Kimmung, das ist das Hervortreten weiter entfernt liegender Gegenden in ihrer wirklich horizontalen Stellung oder oberhalb ihres natürlichen Standortes. Diese schweben mit übergroßer Deutlichkeit auf der Wasseroberfläche. Solche Luftspiegelungen regen die Phantasie an und führen uns zurück an den Anfang, als alles sein Ende nahm.
Unweit meines Anwesens liegt eine verlassene Warft. Hier hatte bis 1945 ein Gasthaus gestanden, der „Pharisäerkrug". Ganz früher soll an dieser Stelle eine hohe und feste Warft gewesen sein, die bei der Eindeichung des Christiankoogs außen vor gelassen worden ist. In der Chronik des Elisabeth-Sophien-Kooges wird an dieser Stelle der frühere Statthalterhof, „de Stattholders Hoff", vermutet. Das zweistöckige Haus widerstand der großen Flut von 1634 und wurde noch 18 Jahre später ausführlich beschrieben. Wohnten die früheren Staller, die Mächtigsten auf dem Strand, in meiner unmittelbaren Nachbarschaft? Wer waren die Nachfolger von Lorenz Lewe? Vermutlich einer seiner Söhne Joachim Lewe, der nach dem Tode des Vaters Morsum übernahm. Andere Staller waren Heinrich Hacke, gestorben 1556, ein Sievert Rantzow war nur ein Jahr lang im Amt. Ihm folgte ein Jürgen Moth für zwei Jahre und Hans Petersen für drei Jahre. Das Stalleramt auf dem Strand war von je her ein

schwieriges Amt. Als Regent der Insel im Auftrag des Landesherrn mußte er allen Interessen gerecht werden. Später war der Staller auch Vorsitzender der Herrenkammer. Er vertrat die Belange des Staates und hatte die Befugnisse eines Amtsrichters in Zivilsachen.

Ein Vergleich mit einem heutigen Bürgermeisteramt hinkt insoweit, als diese Amtsform nur auf Nordstrand bekannt war, und der Staller, von staatswegen eingesetzt, wesentlich mehr Befugnisse hatte.

Weitere Nachfolger waren Peter Nickelsen, Claus Meinstorp und Jürgen Maaß, der 1616 seiner großen Schulden wegen entlassen wurde. Jürgen Maaß war der letzte Staller, der aus den Reihen der Eingesessenen kam. Mit Johannes Pintzier kam ein verdienter Hofbeamter ins Amt, den Insulanern vor die Nase gesetzt. Der Mann war viel zu gelehrt, um mit der Eigenwelt der Insel zurechtzukommen. Seine Amtsführung blieb hölzern und war voller juristischer Pedanterie. Die Strandinger konnten ihm nichts abgewinnen. So blieb dieser Mann ohne Autorität.

Alle Nachfolger von Lorenz Lewe waren mehr oder weniger blasse Figuren. 1627 jedoch erschien ein Mann auf der Bildfläche, dessen Name unauflöslich mit dem Untergang des Strandes verbunden ist. August von Bestenborstel erhielt seine Ernennungsurkunde zum Staller vom Strand. Die Lage hatte sich gefährlich zugespitzt. Das Land war zum Teil so niedrig, was durch den massiven Torfabbau noch verschlimmert wurde, so daß schon normale Hochfluten eine Gefährdung darstellte. Die Strandinger aber waren optimistisch. In mehreren Etappen war es gelungen, viel Land neu zu bedeichen. Schließlich wurde sogar ein Plan erwogen, die 1362 verloren gegangene Edomsharde zurückzugewinnen. Der Traum von einem neuen Rungholt, wiedererblüht im alten, sagenumwogenen Glanz, mit seegehenden Schiffen im Hafen, war noch nicht zu Ende geträumt. Die bisherigen Erfolge, mit Hilfe niederländischer Ingenieure und ausländischen Fremdarbeitern, schienen dem auch Recht zu geben. Aber untereinander war man sich uneinig. Friesisches Familien- und Sippendenken, nur den eigenen Besitz sehend, befähigte sie kaum, eigenes Geld zu bewegen, das große Werk im Interesse der gesamten Insel in Angriff zu nehmen. Einerseits wollte man herzogliche Taler in Anspruch nehmen. Andererseits stand man den kulturellen und fremden Einflüssen der ausländischen Deicharbeiter ablehnend gegenüber. Man hatte Angst, überkommene alte Standes- und Rechtsgewohnheiten könnten unter diesem Einfluß aufgeweicht, ja verloren gehen. Das machte sie weitgehend handlungsunfähig. Anstatt Einigkeit im Kampf gegen das Meer, als dem größten Gegner zu bezeugen, neigten sie zu kleinmütigen Eifersüchteleien, befehdeten sich untereinander, schlugen sich gegenseitig tot und stritten unaufhörlich um Deichgerechtigkeit und Deichlasten. Die Welt der Friesen mag damals in Ordnung gewesen sein. Alle kommunalpolitisch Einflußreichen saßen auf festen Warften, sie hielten alle Machtbefugnisse in ihren Händen, liebten volle Tische, fette Braten und feierten Feste, wie sie fielen. Das Land war fruchtbar, der Himmel war hoch und die Obrigkeit weit.

Als der mecklenburgische Junker August von Bestenborstel, im Dienste des Herzogtums stehend, dem höfischen Kanzleitreiben überdrüssig, Vertrauter von Friedrich III, Staller auf dem Strand wurde, nahm dieser davon kaum Notiz. Friedrich III mußte einen guten Griff getan haben. Der junge, willensstarke und dickschädelige Mecklenburger war den ebenso dickschädeligen Friesen gewachsen. Er diente seinem Herzog nicht nur mit unsagbaren Mühen, sondern verstand es auch, die inhomogene Friesenmentalität auf den Nenner des kleinsten gemeinsamen Vielfachen zu bringen. Wenn es stimmt, was über ihn berichtet wird, dann mußte er sich den Hintern im Sattel wund gescheuert haben, denn er war unermüdlich unterwegs in Sachen Deich, Deichprofile, Vorländereien, Landschutz und Küstensicherung.

Die Naturwissenschaften erwachten zu einer ersten zaghaften Blüte. Man begann, eine Ahnung von den Zusammenhängen zu erkennen. Der Wasserspiegel stieg ständig, während sich das Land absenkte, auch mutwillig von Menschenhand herbeigeführt als Folge des Torfabbaus. Ein Halligmeer wie heute gab es nicht. Ausgedehntes flaches Moorland war die Uthlande. Zur offenen See hin lag ein Gürtel von Sanddünen, der an einigen Stellen unterbrochen war. Bei hohen Fluten kam hier die See herein und überschwemmte das Moorland. Der zähe, verfilzte Moorboden ließ es nicht zu, daß sich, wie heute im Watt, breite Stromrinnen bildeten. Eher war es anders. Das Meer durchtränkte das Moor, floß ohne Landverlust wieder ab und hinterließ den Boden mit Salz. Die ersten Siedler bauten nicht nur Deiche, sie begannen systematisch die Torfschicht abzustechen. Unter dieser Schicht lag fruchtbares Land. Vor allem aber gewannen sie Salz, ein zu damaligen Zeiten unglaublich seltener und teurer Stoff, gehandelt zu Preisen wie heute Gold und Silber. Man belieferte ganz Dänemark, Norwegen und Schweden mit Salz. Es setze geradezu ein gewaltiger Salztorfraubbau ein.

August von Bestenborstel wußte, daß er seiner Aufgabe, einen dauerhaft bewehrten Strand zu schaffen, nur dann nachkommen konnte, wenn es ihm gelingen würde, das Vertrauen der Deichgrafen und Deichgeschworenen zu gewinnen. Als der ohnehin nicht kapitalkräftige Herzog schließlich genügend Haushaltsmittel bereitstellte, konnte er sein Werk in Angriff nehmen. Halbherzig stimmten die Inselgewaltigen zu. In manchen Köpfen mochte auch eine gehörige Portion Zweifel an der Verwirklichung gewesen sein. Vor allem aber war man in Sorge um das schöne, liebe, eigene Geld, welches es dazuzusteuern galt. Indes ging August von Bestenborstel seine Wege. Er kannte inzwischen seine Pappenheimer und heuerte sehr zum Verdruß der Einheimischen immer mehr fremde Deichbauarbeiter an. Die Arbeiten gingen aber nicht so voran, wie man es sich vorgenommen hatte. Nicht nur die Witterung machte einen Strich durch die Rechnung. Es kam auch zu Unruhen und Streiks. Die Arbeiter fühlten sich nicht genügend entlohnt. Die Insulaner standen dem bunt zusammengewürfelten Menschenhaufen feindselig gegenüber.

Doch dann tat sich etwas, womit niemand so recht gerechnet hatte. Von Süden her schoben sich die Kriegsereignisse des 30jährigen Krieges auf die Herzogtümer Schleswig und Holstein zu. Friedrich III paktierte mal hier, mal da. Er wollte sein Herzogtum möglichst aus allen Kriegsgeschehnissen heraushalten. Wen wundert es aber, wenn sowohl königlich dänische Truppen als auch kaiserlich deutsche bestrebt waren, an die gut sortierten Vorratskammern der Strander zu kommen. August von Bestenborstel geriet zwischen die Fronten der verschiedensten Interessen. Er ersuchte den Herzog, den Strand von allen Truppen freihalten zu dürfen, befürchtete er einen unwiderbringlichen Schaden für die Kornkammer des Herzogtums. Hinter seinem Rücken jedoch trieben die Strander ein absonderliches Possenspiel. Alter friesischer Freiheitsgeist trieb reichhaltige Knospen. Ob man die Ohnmacht des Herzogs nutzen wollte, den Strand aus dem Staatsverband herauszulösen zugunsten einer eigenen friesischen Bauernrepublik? Darüber ist viel spekuliert worden. Die Buschtrommeln brachten schließlich die Kunde vom Strander Unwesen in die Kanzleistuben nach Gottorf. Friedrich entschloß sich, die Insel mit eigenen Truppen zu schützen. Auf dem Strand aber waren die Menschen euphorisch geworden. Man probte ein wahrhaft kriegerisches Getue und spielte den starken Mann, als das herzogliche Geschwader landen wollte. Erst der Herzog selbst, samt Kanzler und Amtmann mußten sich den Landgang erzwingen. Es blieb ein allgemeines Unbehagen und ein fader Nachgeschmack beim Staller, dem man wohl künftig mehr auf die Finger geschaut hatte, wie er es wirklich halten würde mit seiner Loyalität, denn der hatte längst die Sache des Strandes zu seiner eigenen gemacht.

Ungeachtet aller Kriegswirren trieb August von Bestenborstel seine Bedeichungspläne fort. Aber der Abschluß wollte und wollte nicht gelingen. In der Bevölkerung kursierten die abenteuerlichsten Gerüchte. Von den Kanzeln pre-

digten die Pfarrer gegen die lasterhafte Lebensweise der Strandinger. Denen war es egal. Aber man glaubte an Zauberei. Verdächtigt wurde eine Frau aus der Pellwormharde. Erst als drei Arbeiter ertranken, kam es 1628 zum Deichschluß. Einige Unverbesserliche nutzten den fortdauernden Krieg, ständig in der Suppe zu rühren. Am 5. Mai 1629 landeten 8000 Mann unter Generalfeldhauptmann Charles Morgan, der in dänischen und englischen Diensten stand. Der Friesen Freiheit? Die Anwesenheit fremder Soldaten nutzend, wurde die Parole: Freiheit für den Strand, Freiheit für Friesland, verbreitet. Es bildeten sich ganze Rotten, die am 30. Mai 1629 den Staller August von Bestenborstel in seinem eigenen Amtsgefängnis festsetzten. Wir wissen nicht, um welche Leute es sich damals gehandelt hatte. Waren es frühe Klassenkämpfer, die gegen eine tradierte bäuerliche strukturierte Gesellschaft ankämpften? Waren es unzufriedene Deicharbeiter, die sich nicht genügend entlohnt sahen? Waren es politische Schwärmer, die die festgefügten gesellschaftlichen Inselverhältnisse aufbrechen wollten und voller Tatendrang sprühten? Es wird wohl vieles zusammengekommen sein. Die Ironie der Geschichte vereitelte ihr Werk, denn schon am 12. Mai wurde in Lübeck der Nordische Friede verkündet. Am 5. Juni 1629 reiste der Herzog von Schleswig nach dem Strand, um die Strandinger erneut und eindringlich der Hoch- und Lehnsgerechtigkeit zu verpflichten. Der landfremde, ungebetene, ungeliebte Staller August von Bestenborstel wurde neu im Amt bestätigt und erhielt fortan Vollmachten, die vorher nie ein Staller hatte und die einem Souverän gleichkamen. Wenn auch ungewollt, so hatte nun der mecklenburgische Junker den Strand in seiner Gewalt. Er blieb aber das, was er war, ein von seiner Sache und Liebe zu seiner Wahlheimat überzeugter Mann. Dafür hatte er persönliches Lebensglück geopfert, manche durchwachte Nacht ohne die Nähe einer wärmenden Frauenhand. Seine Frau Henriette lebte nur zeitweise auf dem Stallerhof. Sie war dem Klima gesundheitlich nicht gewachsen und konnte oder wollte sich nicht von dem kulturellen Leben am Fürstenhof in Gottorf trennen.

Die sturmflutarmen Jahre von 1631 bis 1634 erweckten auf dem Strand ein starkes, trügerisches Selbstbewußtsein. Man glaubte sich jetzt sicher zu sein vor der Wassernot, die soviel Unheil über das Land brachte. Die Chronisten berichten über einen Hochmut sondergleichen, der auf Höfen und in Häusern Einzug hielt. Ein Deichgraf soll sogar den Spaten in den Deich gesteckt und der See entgegengerufen haben: „Trutz nu, Blanke Hans" [3]). Und sicher glaubte auch August von Bestenborstel die See bezwungen zu haben, wenn er zufrieden in seinem Lehnstuhl sitzend aus dem Fenster auf die Marschen sah.

Am Ende war alles umsonst. In der Nacht vom 11. auf den 12. Oktober 1634 brach die ganz große Flut über den Alten Strand herein und vernichtete so gut wie alles, was Menschenwerk bis dahin zu leisten vermocht hatte. Eine Flut, die weder die widerspenstigen Bauern, noch die erblühten Kirchen, schon gar nicht die Ärmsten der Armen verschonte. Der Chronist Peter Sax berichtet: „Die Luft war voller Feuer, der ganze Himmel brannte".

August von Bestenborstel mußte Bilanz machen. 6408 Menschen in einer Nacht, 50.000 Stück Vieh, der Strander Deich an 44 Stellen gebrochen. Die Existenzgrundlage der meisten Strander, soweit sie überhaupt überlebt hatten, war zerstört. Hals über Kopf flohen die meisten Überlebenden auf das sichere Festland und kehrten dem Strand den Rücken. Es muß wohl nichts schrecklich Zermürbenderes gegeben haben für diesen so rastlos schaffenden Staller, als die Schreckensmeldungen aufzulisten und an seine Vorgesetzten zu geben. Das weitaus Schlimmere noch am Ende dieser Nacht: Es gab keinen Strand mehr. Die reichste und fruchtbarste Landschaft versank in den Fluten der Nordsee -Mordsee. Als kläglicher Rest ist die Pellwormharde und die Hallig Nordstrandisch Moor, einst ein ödes Moor, jetzt Zufluchtstätte weniger Überlebender, auch ehemals reicher Inselbewohner, geblieben. Untergegangen sind: Horsbüll, Lith, Morsum, Gaikebüll, Rohrbeck, Stintebüll, Bruneck, Ilgraf, Volgsbüll, Bopsee, Wester- und Osterwohld, Bophever und Balum. Die ins Land geholten niederländischen Deichbauarbeiter verschwinden Hals über Kopf. Angesichts der Fassungslosigkeit und der Ohnmacht der mit dem Leben Davongekommenen entlud sich ein lang angestauter Groll gegen die, die auf eigene oder auf landesherrliche Rechnung mit Eindeichungsprojekten das große Geschäft machen wollten.

August von Bestenborstel versuchte zu retten, was zu retten war. Er wollte die Landflucht stoppen. Anfang 1635 kam der Herzog in die verwüsteten Gebiete.

Er verbot zunächst den wenigen Gebliebenen, ihre Heimat zu verlassen und versprach großzügige Abgabennachlässe und viele Vergünstigungen. Doch angesichts der Agonie wanderten wieder viele von ihnen aus. Die Kraft des Stallers war gebrochen. Seine letzten Amtsjahre schienen mehr von Manie als von realistischer Überzeugung überlagert gewesen zu sein. Sein großes Lebenswerk, die Strander zu einen; sie befähigen, über ihren Schatten zu springen, ein gemeinsames Werk „Trutz Blanke Hans" zu vollbringen, wurde von den Naturgewalten zunichte gemacht. Die Geschichte sollte diesem Mann Respekt zollen. 1648 nahm August von Bestenborstel seinen Abschied. Auch er kehrte dem Strand den Rücken, ging aber weder in seine Heimat noch an den Hof zu Gottorf, sondern nach Husum. Hier hat er noch ein Jahr gelebt, verbraucht, aufgezehrt wie ein zu Ende Gelebter vom Tode Geholter. Ob er von hier mit müden Augen auf das Wattenmeer geblickt, auf die Trümmer seines ruinierten Strandes und gehofft hatte, ein Nachfolger würde ihm wieder sichtbare Gestalt geben? Es hat Nachfolger gegeben, die nicht verhindern konnten, daß der Strand immer mehr zerfiel. Kein Neid und keine Gier erregte sich mehr um ihn. Die Flut rollte darüber hinweg. Nur bei Ebbe und immer seltener findet man heute noch Spuren von Resten einer alten untergegangenen Kultur.

FRISIA BOREALIS
IN DVCATV SLESWICENSI
Anno J z 4 o.

Frisia Cimbrica Antiqua

## Immer wieder diese Niederländer

Die Uthlande, zu dem früher auch Helgoland gehörte, war schon immer mehr als nur ein geographischer Begriff; man lebte „außen", d.h. in einer Welt für sich. Der Rest war die Geest. Was sich da tat, interessierte nur am Rande. Von der Geest kam ohnehin nichts Gutes, nur die Pest und die Obrigkeit. Die Uthlande hatte ihr eigenes Recht, das erst 1426 in der „Krone der rechten Wahrheit" für die Landschaft Eiderstedt und in der „Siebenhardenbeliebung" für die anderen Harden schriftlich festgelegt wurde. Von mittelalterlicher Machtstruktur keine Spur. Die Harden gliederten sich auf in die Landschaft Eiderstedt, die damals noch in drei Inseln geteilt war, drei Geestharden, zwei Marschharden auf dem Festland, fünf Harden auf dem Alten Strand sowie in die Inseln Sylt, Amrum und Föhr. Jede Harde, eine vom dänischen Militärwesen abgeleitete Verwaltungseinheit, hatte ihr eigenes Recht und eine eigene Verwaltung. Zwölf selbstgewählte Ratsmänner entschieden über Recht und Unrecht und über Kommunales. Die Harden waren unabhängig voneinander kleine politische Gebilde in einem ohnehin nicht besonders großen geographischen Raum. Das war jahrhundertelang gängige Praxis, diente dem Stolz und Freiheitswillen der Friesen. Kritiker meinen, auch der Intoleranz und Ignoranz. 1453 waren die Harden ein Teil des Herzogtums Schleswig geworden, mit einem eigenen Fürsten, aber mit Dänemarks König als Oberlehnsherr. Den Friesen war das gleich, solange die Obrigkeit nicht im eigenen Lande saß. Kopenhagen war weit entfernt und Schleswig nun auch nicht gerade nahe. Sie wollten ihre Freiheiten, und sie wollten ihre Rechte. Damit konnte man leben. Aber schon bald zeigte sich, daß das doch so nicht der Fall zu sein schien. Das immer höher auflaufende Wasser zu Beginn des Mittelalters, das die fruchtbaren Marschen der Westküste zunehmend bedrohte, machte wie oft einen Strich durch die Rechnung. Die Friesen wollten überleben. Ihnen genügte, wenn ihr Land gesichert war. Der Fürst wollte Einnahmen. Dafür brauchte er Land, neues Land, das zum Abgabensegen beitragen sollte. So konnte man nicht zusammenkommen. Die Leute an der Küste fürchteten zu Recht, daß ihre Kräfte durch fürstliche Planungen überfordert würden. Dieser wiederum argwöhnte, die Leute widersetzten sich bewußt neuen Projekten. Ein Instrument mußte her, die Kräfte an der Küste in fürstliche Bahnen zu lenken, den latenten Widerstand zu brechen.

Kommt Zeit, kommt Rat. Am 21. Juli 1556 war es soweit. Der Gottorper Herzog Johann ließ 17 erfahrene Deichbaumeister zusammenrufen, die aufschreiben sollten, was bisher an der Küste bei Deichbau und Landsicherung Gewohnheitsrecht war. Nein, man wollte keine Neuerungen, man wollte nur den Status quo, wie er sich im Laufe vieler Jahrhunderte bewährt und herausgebildet hatte. Als diese Arbeit beendet war, lag das mittelalterliche „Spadelandrecht" vor. Nun waren Rechte und Pflichten schriftlich fixiert. Streng, sehr streng, wurde dieses Recht gehandhabt. Der Deich wurde zum Maß aller Dinge, wichtiger als der Mensch. Über allem stand das unausgesprochene, aber klare „Wer nicht will deichen, der muß weichen". Wer diesem Land nicht gewachsen war, der hatte hier auch kein Lebensrecht. Das Deichrecht war unter die Kontrolle der herzoglichen Verwaltung gekommen.

Schon im späten Mittelalter holten die Herzöge von Schleswig-Gottorf holländische Wasserbauer ins Land, die für gutes Geld ihre Beratungsdienste zur Verfügung stellten. Es waren zum Teil abenteuerliche Gestalten mit eigenen gewinnsüchtigen Bestrebungen, als die Uthlande plötzlich nicht mehr das ungeliebte Land im Grau des Meeres war, sondern auch zum Abgabensegen beitrugen.

Von Männern mit klangvollen Namen ist in der Überlieferung die Rede. Da gab es einen Eggert Sperfork, der ein Meister seines Faches gewesen sein muß. Der flämische Deichbaumeister Claus Cöthen stand im Dienste des Herzogs. Er soll stets nach flämischer Art gekleidet gewesen sein mit blauem, goldbesticktem Umhang und Schlapphut. Dies ließ die Friesen ahnen, daß auch sie sich im Zeitalter des frühen Barocks befanden. Claus Cöthen wurde auch „Rollwagen" genannt. Ihm schreibt man die Erfindung der Schubkarre zu. Ein anderer berühmter niederländischer Deichbaumeister hieß Adrian Leegwather. Als er mitansehen mußte, wie am 11. Oktober 1634 die große Flut über den Alten Strand kam, packte er seine Sachen und floh in seine Heimat.

Die niederländischen Städte Leiden und Leeuwarden waren Hochburgen der Forschung im Wasserwesen. Aus dieser Schule stammte wohl auch Cornelius

Jansen Allert. Er war der Star unter all den fremden Wasserbauingenieuren. Auch erdreistete er sich, ein Liebesverhältnis mit einer Tochter des für seinen Fremdenhaß bekannten Deichrichters und Ratmannes Laurenz Aggissen von der heutigen Insel Pellworm einzugehen. Als bekannt geworden war, daß die Tochter ein Kind von Allert erwartete, soll der Vater sie nach alter Friesensitte eigenhändig im Meer ertränkt haben.

Allert Geelvinck überlebte die Flut von 1634 und kehrte nicht in seine Heimat zurück. Ihm verdanken wir die Erhaltung der heutigen Insel Pellworm. 1637 —drei Jahre nach dem Desaster — war Pellworm wieder sturmflutsicher bedeicht.

Alle fremden Deichbaumeister waren bei den einheimischen Friesen nicht sehr beliebt, wegen ihres Könnens aber hochgeachtet. Da man aus eigenen Kräften gar nicht in der Lage war, neue Deiche zu bauen, holten die niederländischen Deichbauer immer mehr fremdes Volk ins Land, das sich im Deichbau verdingte. Von den Einheimischen wurden diese Fremden gemieden, die ihr eigenes Leben in Hütten und Zelten lebten; denn sie befürchteten durch diesen fremdartigen Einfluß ein Aufweichen ihrer eigenen Sitten und Gebräuche.

Es waren dann auch die Niederländer Quirinius Indervelden, Alewijn van der Woerdt, Abraham van der Wercken und Joseph de Smidt, die am 3. Oktober 1652 mit Herzog Friedrich III jenen berühmten Vertrag schlossen, der sie verpflichtete, Nordstrand wieder zu bedeichen, sie aber auch berechtigte, alle Rechte über die Insel und ihre Restbewohner zu erlangen. Mit ungeheurem Kapitaleinsatz und gewaltigen Anstrengungen gelang es ihnen, Teile des Alten Strandes — im wesentlichen das heutige Nordstrand — zurückzugewinnen. 1656 war der jetzige Alte Koog als erster Koog wieder geschützt. Getreideanbau wurde möglich, und die Partizipanten — so nannte man die neuen Eigentümer der Insel — ließen in den Niederlanden eine Mühle bauen. Diese wurde per Schiff nach Nordstrand transportiert, nachdem sie zuvor wieder zerlegt worden war, und hier dann endgültig aufgestellt.

Einhundert Jahre lang war Nordstrand fest in niederländischer Hand. Die „Nordstrander Herrlichkeit", die Besitzer allen Grund und Bodens, war eine Art Aktiengesellschaft und hatte Anteilseigner bis in die Amsterdamer Hochfinanz. Der letzte niederländische Staller, Casimir van Ernsthuis starb 1758.

Von den Niederländern lernten die Friesen auch das Anlegen von Vogelkojen, die heute noch auf den nordfriesischen Inseln zu finden sind, wenn sie auch nicht mehr genutzt werden. In diesen Entenfanganlagen wurden zum Teil noch bis Ende des Zweiten Weltkrieges durchziehende Wildenten mit Hilfe von

Lockenten, die auf einem Süßwasserteich gehalten wurden, gefangen und zu Konserven für Feinschmecker verarbeitet.

Die berühmten Delfter Kacheln, die in den Friesenpeseln auf den Halligen und Inseln zu bewundern sind, zeugen von dem Wohlstand, den die Seefahrerzeit in bis dahin karge Verhältnisse gebracht hatte. Über zweihundert Jahre lang standen die friesischen Seefahrer überwiegend in den Diensten niederländischer Reedereien. Ganze Schiffsbesatzungen wurden aus Männern von den Inseln zusammengestellt, vom Kommandeur, wie man die Kapitäne von Walfangschiffen nannte, bis zum Schiffsjungen. Die Friesen entwickelten sich zu tüchtigen Seeleuten und Harpunierern, und ihre Zuverlässigkeit war geschätzt. Erst die Blockade Englands durch Napoleon brachte die Seefahrt zum Erliegen.

Zu den ersten Zweitwohnungsbesitzern Nordfrieslands gehörten, wenn man so will, der Kammerherr Gebhard Hensebeck Perlesticker und die Gebrüder Amsinck aus Hamburg. Sie waren keine Eingesessenen, hatten sich aber dem Land verschrieben und mußten für ihre Zuneigung einen teuren Preis bezahlen. Wenn es stimmt, was über den Beamten am herzoglichen Hof in Schleswig berichtet wird, dann war der Kammerherr Gebhard Hensebeck Perlesticker ein Mann der gefälligen Worte, der seine Starenbeine in einen modischen Anzug zwängte. Er rühmte sich seiner Verbindungen und meinte allerlei Wohltaten für die Insel des Alten Strandes vollbringen zu können. Als sein Kollege, August von Bestenborstel, 1617 Staller auf dem Alten Strand wurde, sah auch Perlesticker, der Ministerialbeamte, seine Stunde für gekommen an. Er ersuchte den neuen Statthalter, ihm beim Ankauf von Land behilflich zu sein. Doch August von Bestenborstel mochte den Mann nicht, dessen diplomatische Fähigkeiten ihm suspekt waren und der zudem wohl auch ein Auge auf seine Frau Henriette geworfen hatte, die sich nur schwer mit dem Dienstort ihres Ehemannes anfreunden konnte. Tatsächlich lebte sie auch nur zeitweise auf dem Stallerhof. So ist es nur verständlich, wenn August von Bestenborstel sich diesen Mann vom Halse halten wollte. Er berief sich auf das alte Nordstrander Landrecht: „De da will kopen, de shall Lüde ropen, de da Land will selln, de shall Lüde bestellen", d.h. Landkauf und Landverkauf mußte bei den alten Friesen öffentlich geschehen, da Erben das Vorkaufsrecht besaßen und nach den Erben die Landeingesessenen vor den Fremden.

Wir wissen nicht, wie Gebhard Hensebeck Perlesticker zum Zuge kam. Es war ihm gelungen, sich einzukaufen. Der Kammerherr hielt sich zeitweilig in Schleswig und dann wieder auf dem Alten Strand auf. Wenn man den Literaten Glauben schenken will, war Perlesticker zum Widersacher des Stallers gewor-

RUNGE, R

den und vielleicht zum frühen Verfassungsschützer. Ungeachtet des Fehlens moderner Kommunikationsmittel war man in Schleswig stets auf dem Laufenden über die Amtsführung des Stallers und das Leben auf dem Strand. „Die Küste hat viele Augen", heißt es in einem Sprichwort.

Die Gebrüder Amsinck waren wohlhabende Kaufleute in Hamburg. Etwa ein Jahrzehnt vor der Großen Flut von 1634 erwarben sie mit Hilfe der herzoglichen Verwaltung Vorländereien im Bereich der heutigen Hamburger Hallig, deren Namen wir den Amsincks verdanken. Diese hatten es nicht nur mit den Widrigkeiten der Fluten, sondern auch mit den Strandingern zu tun; denn die Amsincks zogen viele Arbeitskräfte von der Insel ab, um neues Land zu deichen. Dagegen wehrten sich besonders die wohlhabenden großen Bauern. Dennoch schufen die Kaufleute aus Hamburg für sich und die folgenden Generationen ein Refugium, von dem heute leider nur noch die Hamburger Hallig übriggeblieben ist.

Fremdbestimmung - damals wie heute scheint dies ein Reizwort an der Küste gewesen zu sein.

Von den einst so stolzen Friesen, denen ein trutziger Individualismus nachgesagt wird, ist nicht viel übriggeblieben. 18 Jahre lang rollte die Flut über den Alten Strand hinweg und hatte aus der einstigen Kornkammer im Herzogtum Schleswig karges Halligland gemacht. Gebhard Hensebeck Perlesticker, August von Bestenborstel und auch die Gebrüder Amsinck überlebten die Katastrophe. Mitte des 17. Jahrhunderts nahmen niederländische und französische Anteilseigner auf eigene Rechnung und um ihrer Glaubensfreiheit willen neue Deichungen vor. Sie gerieten in Streit, und die französischen Partizipanten verkauften ihre Anteile an den damaligen Herzog Christian Albrecht. Dieser hatte nun nichts Eiligeres zu tun, als die mühsam neu gewonnenen Ländereien an seinen Kellermeister und Weinlieferanten en gros Hans Daniel Freins weiterzugeben. Der Herzog wollte damit einen Teil seiner großen Weinschulden abdecken. 1680 gingen in der heutigen Trendermarsch auf Nordstrand drei Kabel zu je 125 Demat, das sind etwa 187 Hektar auf den besagten Kellermeister über, anstatt den notleidenden friesischen Untertanen unter die Arme zu greifen. Damit wurde Hans Daniel Freins einer der größten Landbesitzer auf Nordstrand, der als Fremdbestimmender diese Ländereien von Verwandten und Pächtern bewirtschaften ließ.

Schon zu Zeiten der Merowinger muß im Gebiet der südlichen Nordsee ein Welthandel floriert haben. Rohwolle aus England wurde nach Friesland eingeführt und hier zu Tuch versponnen und verwebt. Hochwertige Tonwaren und

Mühlsteine aus rheinischer Lava wurden hergestellt und über die Nordsee bis weit in den Ostseeraum exportiert. Aus dem Norden und Osten wurden Pelze und andere Produkte und sogar auch Sklaven eingekauft. Die Geschäfte blühten. Noch heute werden im Watt, wenn auch immer seltener, Reste alter Gebrauchsgegenstände gefunden. Diese Tontöpfe und Scherben sind Hinweise auf eine alte Kultur an einem Ort, an dem heute Seevögel den Sommerhimmel bewölken und Ebbe und Flut spielen. Es sind nur Scherben, die uns verraten, daß hier wie auch anderswo in der Welt einst große und blühende Kulturen ihren Anfang nahmen, um früher oder später unterzugehen.

Als Mitte des 19. Jahrhunderts Dänemark die Herzogtümer Schleswig und Holstein enger an sich binden wollte, zeichnete sich der Konflikt mit Deutschland ab. Im Nordfriesischen war man auf der Suche nach einer eigenen Identität.

Pidder Lyng, der Sylter Sagenheld, wurde zum neuen Leben erweckt. Er war der jüngste einer kinderreichen Familie, widerspenstig und trotzig. Zu seinen Lebzeiten wurde Sylt häufig von Seeräubern geplündert. Die Bevölkerung lebte in großer Armut. Die Leute waren säumige Steuerzahler und obendrein schlechte Kirchgänger, was den Sohn des Amtmannes von Tondern, Henning Pogwisch, persönlich veranlaßte, die fehlenden Steuern einzutreiben. Als er in das Haus der Lyngs kam, saß die Familie gerade beim Essen. Es gab Grünkohl, das Nationalgericht der Friesen. Henning Pogwisch schalt sie Gesindel, spottete über ihr einfaches Essen und spuckte in seinem Übermut in den Kohl. Der jähzornige Pidder Lyng faßte sich des Amtmanns Sohn und drückte dessen Kopf solange in den heißen Grünkohltopf bis dieser erstickt war. „Liewer düd as Slav", dieser dem Pidder Lyng zugeschriebene Ausspruch wurde in den Mittelpunkt eines eigenen friesischen Freiheitswillens gestellt. Er mußte außer Landes gehen, wurde ein bekannter Seeräuber zu seiner Zeit und fand ein ziemlich unrühmliches Ende, verraten durch eigene Landsleute, am Galgen auf der Munkmarscher Heide.

Was die Niederländer in Sachen Deich und Deichbau, überhaupt im Wasserwirtschaftswesen seit Jahrhunderten geleistet haben, ist beeindruckend und weltweit unumstritten. Sie waren von jeher das Vorbild deutscher Wasserbauer. Die Küstenprobleme im Norden Deutschlands ähneln denen in den Niederlanden ebenso wie die nordfriesische Mentalität der der Holländer.

War schon die Abdämmung des IJsselmeeres ein vielbeachtetes und in Fachkreisen bewundertes Jahrhundertwerk, so machten die Holländer aber erst recht von sich reden, als sie die kühnen Projekte von Bedeichungsmaßnahmen im Mündungsgebiet von Rhein, Maas und Schelde in Angriff nahmen. Man hatte Schlüsse gezogen aus der Sturmflut von 1953, als fast ganz Zeeland unter Wasser stand. Zug um Zug wurden Inseln weggedeicht. Ganze Flußmündungen wurden geschlossen und mancherorts zu Süßwasserfreizeitanlagen umgestaltet.

Vor 30.000 Jahren war die Doggerbank noch zu Fuß erreichbar, Helgoland noch vor 10.000 Jahren. Weser und Ems waren Nebenflüsse der Elbe. Der Meeresspiegel lag etwa 80 Meter tiefer als heute. Nach der letzten Eiszeit schmolzen viele Gletscher und bewirkten einen Wasseranstieg. Das Damoklésschwert einer langsamen Sintflut, das damals sämtliche Küstenländer bedrohte, hängt auch heute über ihnen.

Als im 17. Jahrhundert in Nordfriesland die große Zeit der Deichungen begann, kam es zu erheblichen Konflikten. Es galt der Grundsatz: Wer nicht will deichen, der muß weichen. Jeder Grundeigentümer war zu Hand- und Spanndiensten verpflichtet. Doch jetzt ging es nicht mehr darum, der Not gehorchend das eigene Land zu sichern, jetzt ging es um allerhöchste herzogliche Befehle. Es ist belegt, daß die Herzöge Friedrich I und Friedrich II von Schleswig-Gottorf das Deichbauwesen zu einem persönlichen Anliegen machten und so nach und nach eine Deichoberaufsicht schufen. Mehr und mehr wurde der Deichgraf zum Befehlsempfänger seiner Landesherrschaft. Man kann sich denken, wie schwierig dieses Amt für den Deichgrafen wurde, der den Vermögensstand seiner eigenen Leute zu beurteilen hatte, zugleich aber dem landesherrlichen Verlangen nachkommen mußte. Kam ein Grundeigentümer seinen Verpflichtungen an der Deichunterhaltung nicht nach, drohte ihm Landverlust und zugleich Landverweis. Wollte oder konnte er nicht mehr, steckte er den Spaten in den Deich und tat damit jedermann kund, das Land zu verlassen. Wem die Geschichte der Landschaft Nordfrieslands nicht vertraut ist, der sei auf die zahlreiche Literatur verwiesen. Der Stoff ist bis heute reizvoll geblieben.
Kaum vorstellbare Lasten und Kosten sind notwendig, um die Deiche zu sichern und das Land zu schützen. Das größte Arbeitsschiff des Amtes für Land- und Wasserwirtschaft in Husum, die „Norderhever", befördert pro Fahrt durchschnittlich 190 Tonnen Steine zu den Inseln und Halligen im Wattenmeer, um mit einer Ladung etwa zwanzig Meter Steinböschung oder Buhnen anzulegen. So ist der Wettlauf des Menschen im Kampf mit dem „Blanken Hans" überaus teuer geworden. Das Bild der Koogsgemeinschaft, die einen neuen Deich zieht, welches Theodor Storm in seiner Novelle vom Schimmelreiter malt, ist nie realer Hintergrund in der Deichbaugeschichte Nordfrieslands gewesen. Sicherlich: Es gab Einheimische, die ihren einsamen Kampf gegen das Meer führten.

Doch früher wie heute waren die Menschen an der Küste gar nicht in der Lage, die kostspieligen und aufwendigen Arbeiten aus eigener Kraft durchzuführen. Man ist von jeher auf Fremdarbeiter angewiesen gewesen und auf kapitalkräftige Leute im Hintergrund, die Deiche auf eigene oder auf landesherrliche Rechnung bauten. Vielfach waren es auch Spekulationsobjekte. Man erhoffte sich Gewinne von den neu eingedeichten Ländereien.

## Was geblieben ist, wurde verschenkt

Der Herbst rückte näher. Ich begann, mich mit der Isolierung des Dachbodens zu beschäftigen. Der Wind nahm an Launenhaftigkeit zu, wie der menschliche Eigensinn. Mal brieste es auf, mal zeigte sich der Himmel von seiner ganz hohen Seite, blaßblau und vollendet harmonisch abgestimmt im Einssein mit der Landschaft. Die Wildgänse fielen scharenweise ins Watt ein, Enten hatten ihr Winterquartier bezogen.

Am Morgen des 12. Oktober 1634 hatte die Flut auch die großen Höfe auf den hohen Warften erreicht, das Mauerwerk zerstört, das eichene Gerüst umgelegt und die Friedhöfe bei den Kirchen unterwühlt. In den Wellen trieben die Leichen ihrer Bewohner und die Leiber toter Tiere. Tote waren aus den Gräbern gespült worden und schwammen mit den eben Ertrunkenen umher. Von dem heutigen Nordstrand waren nur Teile der Kirchspiele Odenbüll und Gaikebüll übriggeblieben. Viele Jahre hatte man noch die Hoffnung, durch neue Deichbauten wenigstens Teile zurückzugewinnen, doch machten ständige Rückschläge durch neue Fluten auch diese letzten Hoffnungen zunichte. Überall fehlte es an Geld. Wieder kam es zu allem Überfluß zu neuem Zank und Streit, wer die Arbeiten ausführen sollte. Den Pellwormern hingegen gelang es schon drei Jahre nach der Katastrophe fast 2.000 ha neu zu deichen. 1636 schloß die Regierung in Gottorf mit dem niederländischen Deichbaumeister Cornelius Jansen Allert, den die Leute seines farbenprächtigen Anzugs wegen Allert Geelvinck nannten, einen Vertrag, Pellworm sturmflutsicher und dauerhaft zu schützen. Allert Geelvinck erwies sich als zuverlässiger und tüchtiger Vertragspartner, der nicht nur sein Können und seinen Willen einbrachte, sondern auch Geld auftrieb.

Die schnelle Sicherung Pellworms verhinderte denn auch den totalen sozialen Wandel, den Nordstrand später durchmachte. Die neue Insel konsolidierte sich sehr bald. Man mag geneigt sein, in den heutigen Pellwormern späte Nachfahren jener legendären alten Strandinger zu sehen, von denen nichts geblieben ist. Sie zu schildern, ihre Sitten und Gewohnheiten aufzuzeigen, ihre Rechtsgebräuche darzustellen, blieb dann auch den Romanautoren vorbehalten. In der Tat, viele und umfangreiche Bücher sind darüber geschrieben worden, ein Stoff, der bis in heutige Tage hinein reizvoll geblieben ist. Ohne Kenntnis dieses besonderen historischen Hintergrundes ist die Welt der Uthlande nicht zu verstehen. Man muß immer wieder an das Ende zurück, wo alles seinen Anfang nahm.

Indessen verliefen die anderen übrig gebliebenen Ländereien immer mehr. Die Felder, vom Salzwasser ausgelaugt, trugen keine Früchte mehr. Die Gottorfer Regierung fand keine Leute, die Mut und Kraft gehabt hätten, neue Deichungen auszuführen. Die höher gelegenen Landflächen schienen allmählich den Charakter von Halligland angenommen zu haben. Die verbliebene Bevölkerung hatte sich hier schlecht und recht eingenistet. „Die erschröckliche Wasser-Fluth", wie die Chronisten die dramatischen Ereignisse von 1634 nennen, zerstörte nicht nur die etwa 250 Quadratkilometer große Insel Strand, sondern bewirkte auch einen sich tief festsetzenden Schock bei den Restbewohnern, der sie unfähig machte, neue planmäßige Deichungen im Sinne einer Rückgewinnung von Land vorzunehmen. Das Herzogtum, ohnehin durch den 30 jährigen Krieg arg gebeutelt, konnte oder wollte seinen Untertanen nicht unter die Arme greifen. Aber man wurde in Gottorf ungeduldig. Sicherlich waren inzwischen neue Deichbauspezialisten aus den Niederlanden, wohin sich übrigens auch viele ehemalige Strandbewohner wandten, bis hin nach Nieuw Amsterdam in der frühen Zeit der amerikanischen Kolonisierung, mit Plänen von neuen Deichen unterm Arm bei den Kanzleiräten vorstellig geworden.

Auf den beschwerlichen Weg nach Norden machte sich um diese Zeit wohl auch der holländische Deichgraf Indervelden, schon vom Alter gebeugt aber scharfsinnig genug, um zu wissen, was er tat. Der Hochheimrat des Wasserwesens reiste im Auftrag der niederländischen Generalstaaten. Dieser Mann sah sich alles ganz genau an, beobachtete mit Kennermiene das Spiel von Ebbe und Flut und stellte zu seinem eigenen Erstaunen fest, daß die verbliebenen, wenngleich auch ungeschützten Ländereien, immer noch höher über dem Meeresspiegel lagen als die in seiner Heimat. Auf dem Sterbebett riet er seinen Söhnen, sich diesem Land zuzuwenden, es dem Meer wieder abzuringen.

Friedrich III ließ die alte Beliebung verkünden: Wer nicht will deichen, der muß weichen. Als sich dann immer noch nichts tat, schloß er 20 Jahre später mit zunächst vier, später 24 niederländischen Bürgern und offensichtlich gut betuchten Leuten, jenen berühmten Oktroi, der sie berechtigte, zu investieren, so gut wie jeden Tribut zu fordern: Religionsfreiheit, alle noch bestehenden Besitzungen zu behalten, jeden Herrschaftsanspruch anderer abzuweisen, eigenes Deichrecht, eigene Gerichtsbarkeit, freier Handel und freies Gewerbe und ihre Rechte an dritte Personen zu verkaufen. Dafür verpflichteten sich die Gesellschafter, die sogenannten Partizipanten, zu deichen und den Herzog als obersten Gerichtsherrn anzuerkennen. Die verbliebenen Urbesitzer wurden damit faktisch enteignet und unter die Herrschaft landfremder ausländischer Geldgeber gestellt. Das war der Beginn einer Zäsur, die Nordstrand in Gesicht und Struktur völlig verändern sollte.

Wieder begannen die Deichungen. Zuerst der Alte Koog im Jahre 1654 im Bereich der Kirche Odenbüll, 1657 bereits der Marie-Elisabeth-Koog (Osterkoog). Die Arbeiten verliefen so erfolgreich, daß sich immer mehr ausländisches Kapital aus dem niederländischen und französischen Raum einfand. Gedeicht wurde im großen Stil. Immer mehr fremde Siedler kamen auf die Insel. Überwiegend waren es katholische Leute. 1663 wurde die Trendermarsch eingedeicht und 1691 der heutige Neukoog. Natürlich konnte der alte Zustand nicht mehr erreicht werden. 50 Jahre später gelang es, im Nordosten von Nordstrand, den Christianskoog zu sichern, der aber bereits 1751 so schwere Schäden davontrug, um wieder aufgegeben werden zu müssen. Es bedurfte schon der allergrößten Mühen und Anstrengungen, das untergegangene Land zurückzugewinnen. Der erste niederländische Staller hieß Quirinius Indervelden. Er wohnte zeitweilig in Husum. Die Insel muß so verwüstet gewesen sein, daß kein brauchbares herrschaftliches Haus vorzufinden war. Quirinius Indervelden und seine Brüder waren die ersten Hauptpartizipanten an der Nordstrander Eindeichung.

Durch Erbfolgekriege, durch Religionsauseinandersetzungen im Zuge der Gegenreformation und der Inquisition fand auch manch religiös Verfolgter auf Nordstrand einen Zufluchtsort, eine neue Heimat. Auf dem kleinen Eiland in der Nordsee war man weit vom Schuß und ziemlich sicher. Kulturelle Einflüsse aus Brabant, aus Utrecht, aus Flandern flossen nach Nordstrand und ganz Nordfriesland. So kam auch Christian Batholomäus de Cort auf die Insel. Der Mann war voller Tatendrang. Nicht unumstritten, gehörte er aber zweifellos zu den bedeutenden Persönlichkeiten, die Nordstrand in seiner zweiten Bedeichungsphase aufzuweisen hat. Christian de Cort war ein aufgeklärter niederländischer Jansenist. Er war Vorsteher eines belgischen Oratoriums, einer Gemeinschaft von Weltpriestern, und Pastor in Mecheln. Diese Oratorianer neigten einer geistlichen Richtung innerhalb der katholischen Kirche zu, die von der Glaubenslehre des niederländischen Theologen Cornelius Jansen geprägt wurde. Ihr geistiges Zentrum war das französiche Kloster Port Royal in der Nähe von Paris. Von den Jesuiten bekämpft, führte dies später zur Abtrennung des Utrechter Bischofs von Rom und letztendlich zur Kirchenspaltung Mitte des 18. Jahrhunderts.

1654 wurde de Cort mit dem Geld seiner Mutter Hauptpartizipant an der Nordstrander Eindeichung, die zum größten Teil in den Händen seiner Verwandtschaft lag. Es ist viel darüber spekuliert worden, warum ausgerechnet dieser Mann, der über hohe geistige Gaben, einen weiten Bildungshorizont und über Einfluß bis nach Frankreich hinein verfügte, sich auf Nordstrand niedergelassen hatte. Was mochte diesen Priester bewogen haben, seine angesehene Stellung in Mecheln aufzugeben, zugunsten eines Abenteuerlebens auf einer öden, von der See geschundenen Nordseeinsel im kalten Norden Europas? War es der Einfluß seiner Familie, die ihn dazu trieb? Gewiß, man suchte Geldgeber, die an dem Deichbaugeschäft Anteile zeichneten. Die Oratorianer waren begütert, wohlhabend und bestrebt, ihre Kapitalien zinsgünstig anzulegen. Christian de Cort schien als Geldbeschaffer in diesen religiösen Kreisen der richtige Mann gewesen zu sein. Und noch etwas mag eine Rolle gespielt haben. Der Vertrag mit dem Herzog sicherte auch die Ausübung der katholischen Religion im sonst lutherischen Norden zu. Wer Geld gab, tat auch was für die katholische Kirche. Nordstrand war praktisch Neuland und vortrefflich geeignet, geistlichen mit weltlichem Gewinn zu verbinden.

Christian de Cort war nicht nur ein fähiger Priester, sondern auch ein ebenso tüchtiger Finanzmann und überzeugender Werbefachmann. Seinen Verbindungen zufolge floß dann auch viel Geld nach Nordstrand, zumal die ersten Deichabschnitte auch zügig vonstatten gingen. 1655 ließ sich de Cort zum „Direktor von Nordstrand" wählen und für 14 Jahre mit fast uneingeschränkten Rechten von den Partizipanten bestätigen. Er erwarb als Privatmann den Zehnten der Insel mit der Verpflichtung, für die Anstellung und den Unterhalt eines katholischen Pfarrers auf Nordstrand zu sorgen. Er hatte hierbei zweifellos das belgische Oratorium in Mecheln im Auge. Die spätere mangelnde Ausfüllung dieses Vertrages, vor dem Hintergrund der Kirchenspaltung in den Niederlanden, führte denn auch zu dem langen innerkatholischen Kirchenkampf auf Nordstrand. Nun stand nichts mehr im Wege, das große Werk der Wiederbedeichung in die Tat umzusetzen. De Cort war der Motor dieser Sache. Er ließ ein Herrenhaus erbauen, das Oratorium, wo sich die Hauptpartizipanten zu versammeln pflegten. Es wurde beschrieben als eines der schönsten und großartig-

sten Gebäude auf dem neuen Nordstrand, brannte leider 1806 mit vielen wertvollen Schriften ab. 1662 wurde die Pfarrkirche „St. Theresia" geweiht.
Doch anstatt Gewinne zu erwirtschaften, häuften sich seine Schulden. Das gesamte Vermögen des de Cort steckte im Deichbau. Unter seinen Gläubigern kam es zu Unruhen. De Cort konnte seinen Zahlungsverpflichtungen nicht nachkommen. Der Mann machte sich Feinde. 1664 schickten die Oratorianer einen Pater als Sachwalter nach Nordstrand. Die Kongregation hatte erhebliches Stiftungsvermögen investiert. Er verließ immer häufiger die Insel, teils um neues Geld aufzutreiben, teils sich vor seinen Gläubigern zu rechtfertigen. Zu allem Überfluß war er aber noch in eine merkwürdige Frauengeschichte verwickelt. Es handelte sich um Antoinette Bourignon, von der berichtet wird, sie

sei „eine abenteuernde Dame großen Formates gewesen, die Frömmigkeit vorgab und für allerlei Unruhe in der geistlichen Welt Flanderns und Brabants sorgte".[4]) Frau Bourignon muß sehr reiselustig gewesen sein und s Verfasserin zahlreicher Schriften religiösen Inhalts an die Öffentlichkeit. In ihren Bann geriet auch Christian de Cort. Er vernachlässigte darüber sein Direktorat auf Nordstrand. Seine Gegner setzten durch, daß er 1666 aus allen Ämtern entlassen wurde. Es kam auch zum Streit mit seiner Kongregation, wobei es sich immer wieder um Geld drehte. Nachdem er alles im Stich gelassen hatte, um mit Frau Bourignon nach Amsterdam zu gehen, vermutlich um neue Geldgeber zu werben, wurde er 1668 auf Nordstrand wieder aktiv. Doch die Geschäfte liefen nicht mehr so vorteilhaft. In dem neuen Herzog Christian Albrecht fand de Cort aber weiterhin Unterstützung. 1669 reiste er erneut nach Amsterdam, wieder auf der Suche nach neuen Partizipanten. Die Vorarbeiten für einen neuen Deichbau, die erst 10 Jahre noch seinem Tod in Gange kamen, wurden zwar positiv beurteilt, fanden aber wenig Gegenliebe des wenig vorteilhaften Eindrucks, den Herr de Cort wegen seiner verzweifelten Schuldenwirtschaft hinterließ. Es kam sogar soweit, daß man ihn in Amsterdam in Schuldenhaft setzte. Schleswig intervenierte. De Cort kam noch im gleichen Jahr frei und begab sich sofort nach Nordstrand zurück. Hier setzte ein Schlaganfall seinem unruhigen Leben am 24. Oktober 1669 ein plötzliches Ende. Er wurde in seiner Gründerkirche begraben.

Jetzt ging der Krach aber erst richtig los. Sein gesamter Nachlaß geriet in Konkurs. Frau Bourignon erhob darauf Anspruch, reiste eigens deswegen nach Nordstrand, quartierte sich in Tönning, Husum und Schleswig ein. Beim Königlichen Obergericht in Schleswig kam es zu einem höchst unerquicklichen Rechtsstreit für alle Beteiligten, der am Ende zu Ungunsten von Frau Bourignon ausging.

Es ist merkwürdig nachzulesen, wie dieses Stück Geschichte der Insel mit Befangenheit behandelt wird, bei denen, die darüber berichteten. „Oratorianerpriester und abgebrühter Spekulant, weltfremder geistlicher Reformer, geschliffener Intrigant und Possenreißer"[5]), so faßt Peter Schmidt-Eppendorf das Urteil der Nachwelt über Christian de Cort zusammen. Es ist schwer herauszufinden, was denn eigentlich dahinter gesteckt hatte. War de Cort bei all seiner Tüchtigkeit ein Verführter dieser immerhin nicht ganz uneinflußreichen Frau geworden? Wenn das so war, dann fragt man sich, wieso ausgerechnet er, ein fähiger und tief denkender Theologe in ihren Bann geraten konnte. War es schlichtweg die List einer Frau, die mit all ihren Fähigkeiten in den Besitz von de Cort kommen wollte, falls ihr und ihren Anhängern daheim die Luft zu eng wurde? Es mag wohl manches zusammengekommen sein. Vieles spricht dafür, denn nicht umsonst unternahm Frau Bourignon alle Anstrengungen, nach seinem plötzlichen Tode an sein Vermögen heranzukommen. Seine Verwandtschaft und mit ihnen alle weiteren Partizipanten, mußten annehmen, er sei verrückt geworden. Erst trieb er das Deichbaugeschäft auf Nordstrand mit rasanter Hektik voran, dirigierte geradezu diktatorisch von seinem schlichten Arbeitszimmer im neuen Herrenhaus aus alle diesbezüglichen Maßnahmen, ließ eine Kirche bauen und ausstatten und ging wenig später aus heiterem Himmel in die feine vornehme Umgebung seiner Mechelner Pfarrei zurück, um mit Frau Bourignon Gespräche zu führen, ihre Schriften ins Niederländische zu übersetzen und sich als Herausgeber zu betätigen. Für bodenständig orientierte niederländische Siedler und gewinngewohnte Kaufleute aus Delft, Leiden und Ammersfort mußten dies jedenfalls unüberbrückbare Gegensätze sein. De Cort hatte sich wohl zwischen alle Stühle gesetzt. Unter Kapitalisten gingen und gehen Gewinne immer noch vor Amouren. Er hatte in dieser Hinsicht Pech. Es mag auch an den Zeitverhältnissen gelegen haben, aber auch an Unaufrichtigkeiten, die es zu aller Zeit gibt. Seine Suche nach geistigen Idealen wurde ihm wohl auch von seinen Amtsbrüdern mißgönnt, jedenfalls solange diese Suche zusammen mit Frau Bourignon vonstatten ging. Es wurden keine Geld- und Machtmittel gescheut, den eigentlichen Neubegründer der neuen Insel Nordstrand für die Nachwelt in ein schiefes Licht zu rücken. Aber man weiß auch viel zu wenig. Sicher ist nur, daß der Lebensweg dieses Mannes nicht so verlaufen ist, um ihn als reinen Verfechter einer reinen Prädistinationslehre für nachfolgende Generationen zu überliefern.

Christian de Cort hätte einen höheren Stellenwert in der Geschichte Nordstrands verdient. In der katholischen Kirchengeschichte der Insel dürfte er wohl den bedeutendsten Platz einnehmen. Seine Ideale, über den Gulden hinweg auf Nordstrand eine neue Heilswelt zu schaffen, ist ihm nicht gelungen, war auch im Ansatz falsch gewählt, denn „wer nicht will deichen, der muß weichen". 1717/20 erfuhr das Lebenswerk des Christian de Cort schwere Rückschläge. Die Nordsee holte sich mehr zurück, als man glaubte ihr entrissen zu haben.

## Das Geschäft mit dem Deich

Der Elisabeth-Sophien-Koog war mir nun so etwas wie eine Heimat geworden. Er sieht aus wie alle anderen Köge auch, von Wassergräben und Straßen durchzogen, reißbrettmäßig angelegt und so schnurgerade wie der Lebensweg des Jean Henri Desmerciers. Zum Inneren der eigentlichen Insel Nordstrand hin auf England, am Hamburger und Engländer Deich werden die Häuser kleiner. Es sind eng aneinandergereihte, wie auf eine Perlenschnur gezogene Stätten kleiner Leute. So wie die Anordnung der Liegenschaften ist, so erwächst daraus die gesellschaftliche und politische Bedeutung in der kleinen überschaubaren Welt der Gemeinschaft, die heute die Gleiche ist wie vor Jahrhunderten. Von landwirtschaftlicher Technisierung, von vollautomatischen Haushalten einmal abgesehen, hat sich soziologisch nicht viel geändert. Immer noch geht Nachbarschaft vor Verwandtschaft und Freundschaft. Immer noch ist gegenseitige Hilfe um die gemeinsame Sache „Trutz Blanke Hans" oberstes Gebot. Immer noch steht gegenseitiges Gewährenlassen vor gemeindlicher Reglementierung. Und immer noch ist die Obrigkeit nur soweit akzeptiert, als sie unumgänglich ist. In unserer überaus perfekt verwalteten Welt nehmen sich die Marschen wie ein Stück selbstheilende Kraft aus. Freilich: Man liebt sich nicht miteinander, man schenkt sich nichts. Die spröde Sachlichkeit, mit der man miteinander umgeht, ist kaum zu überbieten.
1751 brach eine der schwersten Sturmfluten herein, die das neue Nordstrand erlebt hatte. Alle Köge wurden stark in Mitleidenschaft gezogen. Der erst vor zwölf Jahren eingedeichte Christianskoog wurde von der Flut am stärksten betroffen. 1756 kam es zu einer erneuten verheerenden Flut. Viele Niederländer hatten sich still aus den Geschäften zurückgezogen, weil ihnen die Deichlasten zu hoch wurden. Andere hatten Konkurs gemacht oder ihr Land hoch verschul-

det. 1761 mußte auch über den Christianskoog, Vorläufer des jetzigen Elisabeth -Sophien-Koogs, der Konkurs erklärt werden. Der Koog war ohnehin nicht mehr bedeicht und stellte offenstehendes Vorland dar. Viele Jahre blieb er den Fluten schutzlos preisgegeben. Am 3. September 1768 erwarb ihn ein gewisser Jean Henri Desmerciers. Die Kaufsumme betrug, wie die Chronik meldet: „Ein Tausend Reichsthaler grob Courant in klingender Münze".

Dieser Herr Desmerciers, Geheimer Konferenzrat am Hof zu Kopenhagen, Ritter des Elefantenordens, Direktor der Königlichen Bank von Kopenhagen, Edelherr verschiedener holsteinischer Güter und Besitzer der Köge und des Vorlandes in der Bredstedter Bucht, war schon eine bemerkenswerte Erscheinung zu seiner Zeit und eine besonders exotische im Land der Marschen. Über die Neueindeichung Nordstrands hatte Nordfriesland Anschluß an die übrige Welt gefunden, freilich auch nur indirekt, wie sich feststellen läßt. Zunächst war es die Entscheidung des französischen Sonnenkönigs Ludwig XIV, die Glaubensfreiheit der Hugenotten einzuschränken. Zu Hunderttausenden verließen sie ihre Heimat. Eine Menge an Wissen und Geld floß von Frankreich ab und stellte sich in die Dienste anderer europäischer Staaten. So kam auch Jean Henri Hugueton aus Lyon, ein wagemutiger Unternehmer und Kaufmann nach Dänemark, wo er sich 1711 als reicher Großgrundbesitzer niederließ, eine dänische Adelige heiratete und selbst zum Edelmann gemacht wurde. Das

Leben dieses Mannes war sehr wechselhaft, teilweise auch voller Rätsel. Er hatte einen nichtehelichen Sohn, dessen Mutter, eine französische Hutmacherin, die in der Rue des Merciers in Paris ansässig war. Der Junge erhielt den Vornamen seines Vaters und als Nachnamen die Stätte seiner Geburt. Sein Vater finanzierte eine sorgfältige Schulausbildung. Bis 1720 lebte er in Paris. Der junge Jean Henri, Kaufmann geworden, wurde an die Spitze eines Handelsunternehmens in London gestellt. Die Geschäfte liefen gut. Schon drei Jahre später, 1723, ging Desmerciers an den preußischen Hof nach Berlin, wo er die Stellung eines Kammerherrn erreichte. 1725 ließ er sich endgültig in Dänemark nieder. Dieses Land wurde ihm zur Wahlheimat. Für den 38jährigen begann jetzt die eigentliche Karriere. Als Mitglied des neu gegründeten „Generalkollegium für Wirtschaft und Handel", beauftragte ihn der dänische König mit der Gründung eines Bankhauses, dessen erster Direktor er wurde. 1773, fünf Jahre vor seinem Tode bekleidete er noch diese Stellung.

Desmerciers war ein Finanzgenie. Sowohl in seinen staatlichen Funktionen, als auch im privaten Bereich verließ ihn nie das Glück. Er wurde einer der wohlhabendsten Männer Dänemarks und war wohl am Ende seines Lebens ein Multimillionär. Aber er war auch ungemein tüchtig. Nüchtern rechnend, Einsätze kalkulierend, trat er nie direkt politisch in Erscheinung. Sein Einfluß als Geldmann mag allenfalls erahnt werden können. Auch sein persönlicher Lebensstil blieb farblos, unauffällig. 1730 besuchte er das erste Mal die Marsch. Wir wissen nicht, was in diesem, in seinem Wesen schwer zugänglichen Mann, vorgegangen war, als er sich kurze Zeit später der Landwirtschaft verschreibt. Große Teile seines Vermögens investierte er in den Ankauf von Ländereien. Er erwarb mehrere holsteinische Güter, reformierte die bäuerliche Struktur, lockerte die Leibeigenschaft. Als Rationalist und Frühkapitalist wollte er den Bauern als Partner und nicht als Untertanen. Jean Henri Desmerciers hat Zeit seines Lebens seine Herkunft nicht vergessen. Er setzte auf die Tüchtigkeit und gab dem Tüchtigen seine Chance. Das Prinzip war nicht erfolglos; die Gewinne seiner Unternehmen bewiesen es. 1733 kaufte er das unbedeichte, brach liegende Land in der Bredstedter Bucht. Hier sah er seine Chance. Frei von allen Zwängen konnte er bei Null anfangen. In Desmerciers steckte der Mut seines Vaters, und er hatte Kapital. Beides war notwendig. Doch er ließ sich Zeit. Der erste Deich ist nur knapp fünf Kilometer lang und es ist ein Deich nach Art Desmerciers, ein Deich mit abgeflachtem Profil, ganz anders als alle herkömmlichen Deichformen. Dieser Deich sollte Geschichte machen, denn nie ist bei allen folgenden Sturmfluten jemals ein Desmerciers-Deich gebrochen. Der Schimmelreiter Hauke Haien hätte seine wahre Freude daran gehabt.

## Der Mann, der mit der Jolle nicht heim kam

Wir schrieben den 23. November 1981. Über Radio NDR wurden stündlich Sturmflutwarnungen durchgegeben. Die deutsche Nordseeküste erfuhr wieder eine der härtesten Angriffe der See. Der Nössedeich auf Sylt drohte zu brechen. Die Koogsbewohner wurden evakuiert. Zwischen Nordstrand und dem Festland war kein Durchkommen mehr. Die Halligen hatten schon tagelang vorher „Landunter" gemeldet. Erbarmungslos drückte der Sturm die See gegen die Deiche. Gischt schäumte durch die Luft. Man konnte kaum die Hand vor Augen sehen. Regen sickerte durch alle Ritzen der Fenster. Der Dachstuhl jankerte und knarrte in seinen Fugen, als könnte er dem Druck nicht standhal-

ten. 170 Jahre nun steht er schutzlos dieser ungezähmten Gewalt preisgegeben. Aber er hatte immer noch gehalten. Das jagende Geheul des Sturmes fuhr in Mark und Bein. Minuten wurden zur Ewigkeit, Stunden zur Qual. Menschenwerk war wieder einmal einer belastenden Vernichtungsprobe ausgesetzt. Ich hatte Angst, eine Angst die lähmt und gefangenhält, aber zugleich auch zu inneren Kräften befähigt, die wohl nur in solchen Stunden zum Ausdruck kommt.

Ende November 1851 war es ganz anders. Seit Wochen schon lag ein nebeliges Leichentuch über dem Land. Nebel und Stille lasteten auch auf den Gemütern der Menschen. Versetzen wir uns in die kleine Küche des Hauses an einem Abend in jenen Tagen. Inge Jacobsen legt die Wolle aus der Hand auf den blankgescheuerten Tisch. Sie schiebt die Tranfunzel ein Stück beiseite, sieht im matten und trüben Licht auf ihre abgearbeiteten Hände. Sie seufzt dabei, kaum vernehmbar und nur für sich selbst. Einen Augenblick hält sie die Hände gefaltet, während ihr Blick jetzt durch das Küchenfenster in eine schwarze, dunkle Nacht wandert. Ihre Augen suchen das Schwarz zu durchdringen, ihre Gedanken gehen nach dort, wo die See steht. Inge Jacobsen hatte schon viele Abende so gesessen, seitdem im August „ein ungeheures, lebendes Thier, ein Finnfisch, ähnlich einem gekenterten Ewerschiff ohne Mast in Südost von unserer Hallig, auf Süduferland, zwischen zwei Tiefen, gewahrt, der sich auf dem Wall beebbt hatte" [6]). Sie hatte von dem Vorfall gehört. Nachdem die Moorleute den Wal töteten, waren auch Nordstrander herübergefahren, Speck und Fischbein zu holen. Später war das Skelett nach seewärts abgetrieben und es wurde nimmermehr gesehen. Es hatte sie erinnert an ihre Kinderzeit. Ob dieser Finnfisch ein Wiedergänger in anderer Gestalt war? Doch die Frau ist alt genug geworden, daran nicht zu glauben. Sie hat weder Hufeisen über die Tür genagelt, noch Messer auf die Schwelle gelegt. Sie hat keine Nissen und keine Puken gesehen und keine Mondmännchen auf der Fensterbank wahrgenommen. In ihrer Familie sind keine Schiffbrüchigen erschlagen worden und wurde auch kein Strandraub ausgeübt. Aber da ist das Schicksal ihres ältesten Bruders. Nein, er ist nicht heimgekommen. Die See hat ihn nicht freigegeben. Bei dem Gedanken schaudert es in ihr. Ja, es ist richtig, daß sie eine Schuld zu bezahlen hatte, eine Schuld, die sie nie begleichen konnte. Eine einfache Schuld nur, aufzurechnen in Talern und Schillingen, Kosten für eigenes Land, dem Meer abgerungen 400 Jahre nachdem Rungholt unterging und 140 Jahre nachdem der Große Strand versank.

Inge Jacobsen hatte ihren Großvater noch gekannt, ein stiller Mann, der es im Leben zu etwas gebracht hatte, was dennoch unwiderbringlich verloren war. Er stammte von Gröde und hatte sich als Grönlandfahrer ein kleines Vermögen erarbeitet. Doch zu Hause gab es nicht genügend Land, um ihn in seinem Alter ernähren zu können. Die großen Fluten hatten vieles hinweggerissen. Die, die das Übriggebliebene besaßen, gaben nichts her zu Haus auf der Hallig Gröde. So blieb Großvater bei all seiner Tüchtigkeit als Seemann und Harpunier und trotz seines Geldes ein armer Mann.

Kein Wind geht draußen. Die alte Frau vernimmt nur das gleichförmige Ticken der Uhr. Zweiundzwanzig Jahre wohnte sie nun schon hier oben auf dem Deich. Früh hatte sie eine Ahnung von dem Vergänglichen. Der Tod war ihr Wegbegleiter gewesen. Inge Jacobsen ist alles andere als eine stolze Friesin. Ihr Schicksal hatte es nicht gut gemeint mit ihrer Familie. Sie hatte alles verloren: Ansehen, Wohlstand, Haus und Hof, ihren Bruder, den Mann und ihren Sohn. Ein zittriges Beben durchfährt die Brust dieser alten Frau, die an der Last der Vergangenheit und am Alleinsein schwer zu tragen hat. In stillen Stunden fragt sie sich nach dem Sinn ihres Lebens, stellt sich die Frage nach dem Warum, hadert sie mit ihrem lieben Gott. Nie ist ein Sturm gekommen, der alles weggeschwemmt hätte, nie ist ein Brand ausgebrochen, der alles hätte vernichten können, nicht einmal die Engländer sind über sie hergefallen. Nein, ihr Leben hatte sich ganz unromantisch vollzogen in dem nüchternen und sachlichen Kampf, der mit Deichbau, Landgewinnung, Kosten und Schulden in einem gleichzusetzen ist.

1771 kauften Großvater und Bruder Kabel 16 in dem neuen Koog des Herrn Desmerciers. Großvater wollte nicht mehr auf See. Er hatte Schwierigkeiten mit der Harpune. Jüngere Leute machten ihm seinen Platz streitig. Bruder Peter war in die Navigationslehre gegangen, mehrere Winter lang. Er hatte es bis zum Steuermann gebracht und wollte eigentlich nicht mit dem Großvater in das neue Land. Er war schon 42 Jahre alt, hatte nie Zeit gefunden, eine Frau zu heiraten. Da aber die Kunde von den neu eingedeichten Ländereien des königlichen Hofrates vor Niemandem im Nordfriesischen Halt machte und die allzu günstigen Verkaufsbedingungen bis in die letzten Winkel vordrangen, vertraute man ihm seine kleine Schwester mit 300 Talern Mitgift an. Sie sollte teilhaben an den Gewinnen, die man sich von dem neuen Land erhoffte. Nicht umsonst sprach man voller Neid an den Biertischen der Gaststuben von der Nordstrander Herrlichkeit. Nordstrand war damals wie ein Magnet, warfen doch die neuen Ländereien kräftige Gewinne ab. Solchen Zugkräftigkeiten konnte sich dann auch Peter nicht widersetzen. Er nahm das Geld, seine kleine

Schwester und folgte dem Großvater in das gelobte Land.

Doch bald gab es Streit. Beide waren sich in vielem uneins. Das war nicht gut, wenn man einen Hof aufbauen wollte, einen Hausstand gründen. Zudem fehlte es an einer schlichtenden weiblichen Hand. Sie, die kleine Inge, stand solchem Geschehen hilflos gegenüber. Bald war das Geld aufgezehrt für die vielen Anschaffungen, für Pferd und Wagen, Kuh und Schafe. Von den anderen Siedlern war keine Hilfe zu erwarten. Sie standen vor den gleichen Problemen. Zudem kamen beim Bruder neue Zweifel auf, richtig gehandelt zu haben. Zu sehr steckte in ihm noch ein Freibeutergeist. Er tat sich schwer, die Rolle eines ackerbauenden und viehzüchtenden Landmannes zu spielen.

Dann kam das schlimme Jahr 1775. Inge Jacobsen ist aufgestanden. Die Katze auf der Ofenbank buckelt sich. Die Frau steht am Fenster kerzengerade, sie hält die Arme auf der Brust gekreuzt und sieht angestrengt hinaus in die unendliche Finsternis. Nein, da leuchtet keine Laterne, keine schweren Stiefelschritte sind zu hören. Im April hatte der Koogsinspektor Feddersen Peter nach Bredstedt bestellt auf das Kontor, der offenstehenden Zahlungen wegen. Eigentlich hatte Peter gar keine Zeit. Es galt, die Frühjahrsbestellung zu beginnen, die Arbeiten am Hof voranzutreiben. Doch so fleißig sie auch schufteten, die eingegangene Hypothek lastete schwer auf ihren Herzen. Großvater hatte ihn auf den langen Weg geschickt. Inges Augen sind starr in eine weite Ferne gerückt. Dort drüben, da draußen, da sollte er wieder ankommen. Er war mit Boie Petersen quer über das Watt gefahren. Als sie zurückkamen, dirigierte Peter den Boie gegen dessen Willen in das flache Wasser. Peter hatte es eilig. Er wollte nach Hause, erklären, wie alles zugegangen war, auf dem Kontor des Inspektors. Als er glaubte, dicht genug unter Land zu sein, stieg er aus dem Boot aus, um behenden Fußes auf das Vorland zu kommen. Die See aber holte ihn ein. Sein Leichnam wurde nie gefunden. Der Grönlandfahrer Peter Deusen, der mit der See, dem Wind und den Wellen vertraut war, „fiel aus der Jolle", wie die Leute später erzählten. Die See hatte sich ihn geholt. Vielleicht weil er ihr untreu geworden war. Im Lied des Windes klingt manch Geheimnisvolles.

Inge Jacobsen seufzt wieder. Das alles lag nun schon so lange zurück, wenn nicht das große Tier von Lüttmoor gewesen wäre. Seitdem mußte sie immer wieder daran denken. Der alte Großvater mußte nun allein sorgen für den Hof. Zwar hatte der Koogsinspektor Zahlungserleichterungen in Aussicht gestellt und überfällige Verpflichtungen gestundet. Er stellte noch ein Backhaus fertig und brachte die Ernte ein. Sie fiel reichlich aus, doch die Lasten blieben. Inge heiratete Jens Jacobsen. Er war ein armer, aber kräftiger Mann. Seine Eltern

waren Kätnersleute, die ihm kein Vermögen mit auf den Weg geben konnten.
Doch Großvater war es zufrieden. Er hatte eine Hilfe. Das war ihm mehr Wert
als blanke Taler. Jens war 24 Jahre alt als er auf die Insel kam.
Die Küste litt unter Napoleons Blockade gegen England. Die meisten Fracht-
schiffe lagen fest. Der Handel mit England kam zum Erliegen. Für die Koogsbauern war es eine ruhige, gleichwohl wenig erträgliche Zeit. Großvater hatte
nur noch wenig Lebensmut. Das ganze neue Werk schien ihm sinnlos geworden
zu sein. Er starb bald nach der Heirat an Brustwasser.
Den jungen Leuten jedoch war der Herzschlag stärker als alles Todesflüstern.
Inge war zu einer Frau herangewachsen. Sie gebar einen Sohn, den sie Sönke
nannten. Auf dem Anwesen aber lag kein Glück mehr. Die Schulden wuchsen
ihnen über den Kopf. 1813 verkauften sie den Hof und bauten sich von dem
Übriggebliebenen das kleine Haus auf dem Deich. Jens verdingte sich noch eine
zeitlang als Tagelöhner, siechte aber dahin und starb schließlich.
Die Katze maunzte. Sie will hinaus in die dunkle Nacht. Inge Jacobsen öffnet
die Tür, atmet den Hauch von Nebel und geht ins Bett.

## Am Flutsaum des 19. Jahrhunderts

Weihnachten 1981. Stille lag über dem Land. Seit Tagen herrschte klirrender Frost. Den Hühnern war der Kamm verfroren, doch der Hahn krähte immer noch. Im Licht des fahlen Mondes erhoben sich Zaunpfähle wie Recken. Alles war erstarrt in Schnee und Eis. Am 2. Weihnachtstag fiel der elektrische Strom aus. Der Beauftragte des Versorgungsunternehmens kam tatsächlich und stieg bei der Kälte auf einen Überleitungsmasten. Die Zivilisation hatte mich wieder erreicht. Fast war es wie ein Weihnachtswunder. Der Ofen bullerte Tag und Nacht. Die Herbstfluten meinten es gut. Es kam neben vielerlei Plastik einer übersatten Welt auch manches gute Stück Holz an den Deich.
Ich las in alten Büchern. 1860 war das Haus 7 Fach groß und 29 Fuß breit. Ein 6 Fach großer Schafstall gehörte dazu. Der Hofraum umfaßte 0,0781 ha. Inge Jacobsen war ohne Erben gestorben. Ihr Sohn Sönke diente auf dem Oratorium, fiel aus einem Baum und brach sich das Genick. 1818 wurde das Haus an einen Carsten Lorenzen verkauft für 1900 Mark. Er wohnte aber nicht auf dem Deich. Vermutlich verblieb Inge Jacobsen dort. 1858 lebte hier der Tagelöhner Jacob Jens Jacobsen zur Miete. Sein Sohn Paul Jacobsen bekam das Haus 1875. Die Gebäude umfaßten ein 9 Fach großes Wohnhaus mit Stall und Scheune.
Es ist nicht bekannt, wann Sönke Jacobsen verunglückte. Das Oratorium brannte 1806 ab. Es war wohl das bedeutendste Bauwerk auf Nordstrand und ging auf die Gründerzeit von Christian de Cort zurück. Im Besitz des belgischen Oratoriums diente es als Wohn- und Gebetstätte den katholischen Priestern und den Brüdern, die im eigentlichen Sinne keine Mönche waren, denn sie konnten über Privateigentum verfügen. Das Oratorium besaß große Ländereien auf Nordstrand. Man nannte es das Herrenhaus, am Herrendeich gelegen, weil zu Zeiten des Christian de Cort hier die Partizipanten zusammenkamen.

Als Sönke Jacobsen als Knecht auf dem Oratorium tätig war, stand diesem vermutlich der Bruder Johannes Franziskus van Hamme vor, der um 1805, aus Flandern stammend, nach Nordstrand kam, wo er am 25. November 1852 im Hause seines Neffen auf dem Pachthof van Hamme im Alten Koog völlig verarmt verstarb. Der Oratoriumsbruder, der stets eine Art braune Klosterkleidung trug, war eine inselbekannte Persönlichkeit und wird als ein freundlicher Mann geschildert, der allerlei Wertschätzung erfuhr. Zu seinen Lebzeiten war das Oratorium in arge Bedrängnis geraten. Die eigentlichen Eigentümer im fernen Belgien existierten nicht mehr. Napoleon hatte alle Oratorianerhäuser aufgelöst. Das Haus war dem Aussterben nahe. Als einziges Gut war das auf Nordstrand geblieben. Dieses war aber hoch verschuldet, zum Teil aus der Beteiligung an der mißglückten Eindeichung des ehemaligen Christianskoogs. Zu allem Unglück brannte es dann auch noch ab. Ein neuer Wirtschaftstrakt, der in der Substanz heute noch erhalten ist, wurde neu aufgebaut. Der Brand vernichtete auch unschätzbare Dokumente aus der bewegten Vergangenheit der kleinen Insel. Die schwere Sturmflut von 1825 hinterließ abermals beträchtliche Schäden an den Ländereien. Um das ehemals stolze Herrenhaus war es traurig bestellt. Es wurde auch von keinem Priester mehr verwaltet, sondern von Johannes Franzikus van Hamme, der sich wohl als letzter Oratorianer alter Art sah.

Von den Zeitverhältnissen getrieben, verschlug es ihn nach Nordstrand. In seinen besten Jahren hatte er mit erstaunlicher Geschicklichkeit, flämischer Sturheit und bäuerlichem Beharrungsvermögen das Oratorium über alle Klippen eines gefährlichen Fahrwassers gesteuert. Leid, Entbehrungen, manche Rückschläge mußte er hinnehmen. Ob Johannes Franziskus van Hamme, alt geworden, in seiner Kammer sitzend, über sein Leben und die Zukunft des Oratoriums sinnierend, den Branntweinkrug neben sich stehend, jemals begriffen hatte, warum ausgerechnet das Nordstrander Oratorium in den Mittelpunkt eines erbitterten Glaubensstreites gestellt worden war? Von fernen Händen und Köpfen gesteuert, von Martin Luther völlig unberührt, auf Nordstrand maßgeschneiderte katholische Kirchenpolitik zu machen, vermag man nur vor dem Hintergrund einer langen Glaubensentwicklung in den Niederlanden zu verstehen. Der Mann hatte Sorgen genug. Zeitweise stand der Hof unter Zwangsverwaltung.

Die dänische Regierung hatte ihn analog der Auflösung des Oratoriums in Belgien für herrenlos erklärt. Ein Nachweis darüber konnte jedoch nie erbracht werden. Ein nicht zu bewältigender Berg von Schwierigkeiten war auf ihn zugekommen. Am Ende blieb Herr van Hamme das was er war, wenn nicht

Eigentümer, so doch Besitzer dieses Hofes. Selbst als man ihm diesen Besitz von Seiten eines vermeintlichen Rechtsnachfolgers der früheren Oratorianerhäuser streitig machen wollte, widerstand er allen juristischen Spitzfindigkeiten, akademischen Begründungen und priesterlichen Überredungskünsten. Van Hamme war Siedler auf Nordstrand geworden und er wußte nur zu gut, was man hat, gibt man nicht ohne Not aus der Hand. Wenn man tüchtig ist, nimmt es einem keiner. Holen tut es sich nur die See. Die verschont aber keinen, weder einen Lutheraner, noch einen Katholiken und schon gar nicht einen Jansenisten.

Pfarrkirche „St. Theresia" von 1662

Da hatte so mancher gelehrter Priester, gewollt oder beordert, den langen Weg nach Nordstrand genommen, um mit Missionseifer die reine und wahre Lehre Jesu Christi zu verkünden. Zeitweise gab man sich gegenseitig die Klinke in die Hand. Über viele, viele Jahrzehnte war die Insel Glaubensneuland und kirchenpolitisches Entwicklungsland in der katholischen Diaspora des Nordens. Ein großer Teil der früheren Partizipanten der Nordstrander Eindeichung waren jansenistisch eingestellt. Sie nahmen für sich das Recht in Anspruch, entsprechend ihren Verträgen mit dem Herzog von Schleswig, ihnen genehme Pastoren auf Nordstrand praktizieren zu sehen. Ausschließlich waren es solche, die von dem Bischof von Utrecht geweiht worden waren. Die Glaubenslehre des Cornelius Jansen konnte sich aber in Rom nicht durchsetzen. Es kam zu einem innerkirchlichen Streit. Der gegen den Willen Roms geweihte Bischof von Utrecht geriet dann auch in den Kirchenbann. So ist es zu verstehen, daß 1737 die katholische Inselgemeinde auf Nordstrand mit einem Male zwei Pastoren hatte, die unabhängig voneinander behaupteten, die alleinige Befugnis zur Spende der heiligen Sakramente zu haben. Hier die jansenistische Theresiengemeinde und dort die römischen Oratorianer. Das hatte erbitterte Feindschaften zur Folge. Man zog vor Gericht. Der Rechts- und Glaubensstreit dauerte zwei Jahre und wurde zu Gunsten der Patronatsrechte entschieden. Römisch-katholische Gottesdienste, öffentlich abgehalten, wurden verboten. Damit kam es, wie auch in den Niederlanden, zur Spaltung der katholischen Christen auf Nordstrand.

Doch die Verhältnisse sollten sich abermals ändern. Eine neue Mehrheit der Partizipanten wählte einen römisch eingestellten Oratorianer zum Pfarrer der St. Theresienkirche. 1752 brach der alte Streit neu aus, denn der jansenistisch eingestellte letzte niederländische Staller Casimir van Ernsthuis verweigerte die Herausgabe der Kirchenschlüssel. Es müssen unruhige Zeiten auf Nordstrand gewesen sein. Wieder wurden die Gerichte beschäftigt. Am Ende kamen die Oratorianer dabei nicht gut weg. Die lutherische Regierung unterstützte die Jansenisten, in der Mehrheit die Besitzenden. Römisch-katholische Christen waren kaum mehr als geduldet. Wie dramatisch sich die Verhältnisse entwickelt haben, macht ein Attentat in abendlicher Dunkelheit am 12. Dezember 1767 auf den jansenistischen Pastor de Groot deutlich. Man schlug ihn nieder, stach auf ihn ein. Als man ihn für tot hielt, verschwanden die Täter unerkannt. Pastor de Groot konnte sich jedoch blutüberströmt in das nahe gelegene Küsterhaus schleppen und wurde dort gesund gepflegt. Es gab darüber keine amtliche Untersuchung. Es liegen keine Beweise vor, daß dieses Attentat vor dem Hintergrund des Kirchenstreites verübt worden wäre. Vielmehr gibt es auch heute noch Stimmen in der landläufigen Überlieferung, die von gehörnten Ehemännern sprechen.

Mit den Jahren verblaßte der niederländische Einfluß. Die neuen Herren hatten sich entweder vermischt, Konkurs gemacht oder sich zurückgezogen. Pächter von Höfen wurden Eigentümer. Nordstrand begann sich von den Niederlanden abzunabeln und seine Integrierung in Nordfriesland vorzunehmen. Was politisch und geschäftlich so nach und nach selbstverständlich wurde, schien aber nicht für das Oratorium zu gelten. Zeitweise diente es als Asyl für von Napoleon bedrängte ausländische Geistliche. In den wirren Zeiten nach der französischen Revolution fand mancher auf aufgeweichten Straßen und strapaziösen Schiffsreisen den Weg nach Nordstrand in das gute alte Oratorium. Aber keiner blieb.

Alle gingen zurück in ihre angestammte Heimat. Geblieben ist nur Johannes Franziskus van Hamme, der darüber alt geworden war.

1826 setzte die Regierung in Kopenhagen dem Kirchenstreit endgültig ein Ende. Beide katholischen Gemeinden wurden als gleichberechtigt anerkannt. Damit erhielten auch die „Römer" ihre lang erstrittenen Glaubensrechte. Allen Regierenden dieser Welt ist die Haut näher als das Hemd. Angesichts der großen Schäden, die es nach der schweren Sturmflut von 1825 wieder auszugleichen galt, konnte man sich diesen Streit nicht mehr leisten. Deichungen erforderten alle Kräfte : Lutherische, römisch-katholische und alt-katholische. Diese hatten jetzt das Erbe der Jansenisten auf Nordstrand eingenommen.

Dem Laienbruder Johannes Franziskus van Hamme sollte dies auch egal gewesen sein, wenn nicht 1836 ein Priester in das Oratorium einrückte, der Johannes Franziskus van Lierde hieß. Er stammte aus dem französischen Bistum Arras und war eigentlich kein Oratorianer mehr. Er war wohl nach Nordstrand geschickt oder geholt worden, um dafür Sorge zu tragen, den Nordstrander Besitz wieder in belgische Hände gelangen zu lassen, denn der amtierende Vorsteher van Hamme erkannte die neuen Oratorianer nicht als rechtmäßig an und zeigte sich ausgesprochen befremdet über das Ansinnen, das Gut zu verkaufen, um es belgischen Zwecken zuzuführen.

Das war die Lage 1836. Die Kapelle des Oratoriums war inzwischen römisch-katholische Pfarrkirche geworden. Aber man war um einen geeigneten Geistlichen verlegen, der der traditionell jansenistischen Pfarrgemeinde „St. Theresia" das Wasser reichen konnte. Der 28jährige, unerfahrene flämische Priester war offensichtlich viel zu sensibel, um sich mit dem ungehobelten Pioniergeist, der auf Nordstrand immer noch Triumphe feierte, anfreunden zu können. Während seine belgischen Freunde von ihm erwarteten, dem van Hammes Besitz abspenstig zu machen, kam seitens der Kirchengemeinde eine ebenso große Erwartenshaltung als Pastor auf ihn zu. Was sollte er machen ? Van Lierde war kein Hüne wie August von Bestenborstel, kein überzeugender Rhetoriker wie Christian de Cort und kein gestandener Pionier wie Casimir van Ernsthuis, der jansenistische Staller. Er war „ein kleiner Kerl mit langem, abgetragenem schwarzen Rock, schmierig von oben bis unten, nicht verwachsen, aber von karrikierter Haltung" [7]. Bald kam es um seine Zuständigkeiten und Rechte zu Auseinandersetzungen. Sein schwieriger Charakter und seine Menschenscheu waren mit dem Amt eines Pastors nicht zu vereinbaren. Nicht er holte die Nordstrander, sondern Nordstrand holte ihn ein. Wegen seines wenig freundlichen Verhaltens dem alten van Hamme gegenüber, so erzählt man sich im Volksmund, soll er sogar Prügel von aufgebrachten Gemeindemitgliedern bezogen haben. Er soll sich hinter Bäumen und Büschen versteckt haben, wenn er Leuten des Weges begegnete, die er nicht mochte. Johannes Franziskus van Lierde war mit Sicherheit der falscheste Mann, der einer katholischen Gemeinde inmitten eines lutherischen Umfeldes und in Konkurrenz zu den Alt-Katholischen, vorstehen sollte. Zu unterschiedlich waren seine Herkunft und die Welt, in die er hineingesetzt worden war. Wenn er nicht schon von Haus aus ein Psychopath war, so ist er es bestimmt auf Nordstrand geworden. Der alte van Hamme mochte diesen Menschen auch nicht, der ihn Mores lehren wollte und obendrein noch Anspruch auf seinen Besitz erhob. Viele häßliche und unschöne Begebenheiten zwischen den beiden Brüdern sind der Nachwelt überliefert. Man beschwerte sich auch hochoffiziell über die Amtsführung van Lierdes, dem der Sinn mehr nach Schweinen und Kühen stand, als nach seinen geistlichen Verpflichtungen. Ungeachtet dessen überschrieb van Hamme seinen Besitz an van Lierde in der Sorge, nach seinem Tode könnte das Gut herrenlos an den dänischen Staat fallen. Der alte Fuchs, aus Erfahrung klug geworden, wußte genau was er tat. Er wollte das Eigentum auf Nordstrand verblieben wissen. Aber der Alte verstand wohl auch die Welt der Priester nicht mehr und war sicherlich des Streites überdrüssig geworden. Mit vier Talern in der Tasche zog er, 87jährig, aus dem Herrenhaus aus, um bei seinem Neffen Zuflucht zu suchen. „Ein Pastor hat mich das Saufen gelehrt, ein Pastor hat mich um mein Geld gebracht, nun steh ich hier" [8]), klagte er wenige Wochen vor seinem Tode.

Sechs Jahre danach trat Johannes Franziskus van Lierde vom Amt des Pastors zurück. Er war inzwischen ganz Bauer geworden, hatte sich mit Leib und Seele der Landwirtschaft verschrieben. Seine sparsame Haushaltsführung, um nicht zu sagen sein Geiz, und sein unermüdlicher Einsatz um die Güter des Oratoriums, ließen den Hof zu einer respektablen Größe werden, wenn nicht dem größten auf Nordstrand. Natürlich hatte es längst aufgehört, als geistiger Mittelpunkt des Insellebens zu bestehen. Kirchliche Visitatoren fanden alles in einem fatalen Zustand: Die Lebensgewohnheiten und der Zustand der Kapelle im Oratorium. Mehrfach wurde van Lierde wegen seines wenig priesterlichen Verhaltens, auch nach seinem Amtsrücktritt, von den Oberen ermahnt. Ob solche Ermahnungen viel Wirkung gezeigt haben, ist nicht genau bekannt. Als die Kapelle für Gottesdienste nicht mehr gebraucht wurde, weil ein anderes Haus angekauft nun diesen Zwecken diente, funktionierte er sie kurzerhand in eine Kornkammer um.
Johannes Franziskus van Lierde mußte sich Zeit seines Lebens von allen Seiten

NORDSTRANDER STUBE

bedrängt gesehen haben. Die Belgier ließen nicht locker, koste es was es wolle, an die Besitzungen heranzukommen. Sie schickten nicht nur Kontrolleure auf die Insel, sondern traten auch mit ihm in den Rechtsstreit. Der apostolische Vikar, der Bischof von Osnabrück, verhielt sich vorsichtiger. Van Lierde und „sein Besitz" waren eine Goldgrube, die man nicht verschüttet. Andererseits aber konnte man sich diesen komischen Vogel im Ansehen der Kirche nicht leisten. Druck von allen Seiten. Was mag in diesem Menschen vorgegangen sein, der 47 Jahre lang als ungeliebter Fremder, in der Isolation seiner eigenen Einsamkeit, ohne Freunde und ohne Beichtvater, ein Leben lebte in Resignation? Als einer der reichsten Männer der Insel hatte er ein nicht unerhebliches Stimmengewicht in der Herrenkammer, wie die Inselregierung genannt wurde. Er kam zu diesen Sitzungen nicht hoch zu Roß, oder wie es standesgemäß war, im leichten Jagdwagen oder gar in einer zweispännigen Kutsche. Er kam stets zu Fuß.

Es ist schwer, Johannes Franziskus van Lierde einen gerechten historischen Standort zuzuweisen. Als Priester hatte er sicherlich versagt. Als Bauer ist er etwas geworden. Vielleicht bot ihm Nordstrand mehr, als seine Kirche ihm bieten konnte. Siedlerstolz und Siedlermentalität sind, ungeachtet aller Vergangenheitsbewältigung, bis in heutige Tage Tugenden, die auf Nordstrand einen höheren Stellenwert haben, als alle Befugnisse weltlicher oder kirchlicher Obrigkeiten. Vielleicht ging das Oratorium auch deshalb unter, weil Herrschaftsanspruch, Herrendeich, Herrenkammer, als überlieferte Begriffe in die Nordstrander Sprachwelt eigentlich nie Eingang gefunden haben im tiefen friesischen Denken, denn wer nicht will deichen, der muß weichen.

# Vor 100 Jahren

Der Winter wollte kein Ende nehmen. Anfang Februar 1982 war durch das Wattenmeer kein Durchkommen mehr. Die Fährverbindungen zu den Halligen wurden eingestellt. Von Nordstrand aus versuchte der Rettungskreuzer „H.J. Kratschke" eine Fahrrinne für den Pellwormer Dampfer offen zu halten. Da aber der Eisgang immer stärker wurde, erhielt er Order, nach Helgoland zu verholen. Jetzt war auch Pellworm von Schiffsverbindungen abgeschnitten. Manchmal flogen Hubschrauber über das Haus hinweg. Die Helicopter hatten die notwendige Versorgung der Hallig- und Inselleute übernommen. Früher, als es noch keinen technischen Fortschritt im heutigen Maße gab, machten sich in solchen Zeiten beherzte Männer auf, um mit dem Eisboot aufs Festland zu kommen, wenn Medikamente benötigt wurden oder andere wichtige Gebrauchsgegenstände. Oft genug schlug eine solche Expedition im polaren tückischen Wattenmeer fehl. Manch einer hatte so sein Leben gelassen. Auch wenn man es gewohnt war, lange Eiswinter zu überstehen, denn man war in der Regel für den Winter in diesen weltabgelegenen Lagen bestens gerüstet, so konnte es doch vorkommen, daß in Krankheitsfällen höchste Not geboten war. Rettende Hubschrauber und eisgehende Schiffe gab es nicht.

In einem solchen Eiswinter Ende der 50er Jahre des vorigen Jahrhunderts schien die Zeit still zu stehen. Man lebte unter sich sein einsames Leben. Was draußen auf der Geest vorging, interessierte nur am Rande. 1856 und 1857 gingen die letzten Pachtungen im Elisabeth-Sophien-Koog in Besitzungen über. Acht Höfe wirtschafteten von Jahr zu Jahr höhere Erträge ein. Wunderschön war der Anblick des zugefrorenen Meeres in der kalten, aber klaren Wintersonne. Meilenweit erblickte das Auge nichts als zahllose Eisschollen, teilweise mit Schnee bedeckt, die grün und blau wie ein Juwelenhaufen blitzten und glitzerten. In der Ferne hörte man die klagenden Rufe hungriger Seevögel. Der Schnee knirschte unter den Stiefeln, daß es sich anhörte wie die mahlenden Geräusche eines großen Schraubendampfers. Der Fährmann und Bootsführer Anthoni Hans Anthonissen war aus seinem kleinen strohgedeckten Fährhaus getreten. Er sah prüfend auf das Eisboot, welches halb den Deich hinaufgezogen dalag. Sein Blick wanderte weiter dem Anlegesteg zu. Schon wollte er zur großen Axt greifen, die neben der Haustür an die Wand gelehnt stand, um das Eis an den Pfählen loszuschlagen. Da gewahrte er mitten in der Eiswüste eine dunkle Gestalt, die sich behende und doch vorsichtig, jeden Schritt überlegend, auf ihn zu bewegte. Der Fährmann staunte nicht schlecht, als kurze Zeit später ein junger, robuster Mann mit einem erfrischend offenen Gesicht, noch etwas kurzatmig, sich als Nahme Nahmsen von Föhr kommend, vorstellte.

Eisbootfahrt zwischen Halebüll und Nordstrand 1892

Es war eine abenteuerliche Geschichte, die er dem Fährmann Anthoni Hans Anthonissen beim Punsch in dessen Wohnstube erzählte. Nach Langneß sei er noch gut gekommen. Hier hätten sie eine Mannschaft für ein Eisboot zusammengestellt. Man wollte ihn mitnehmen, froh eine zusätzliche und kräftige Hand zu haben. Packeis und Bruchstellen hätten die Fahrt dann auch zu einem kraft- und nervenaufreibenden Unterfangen gemacht. Auf dem festen Wall aber waren viele freundliche und hilfsbereite Menschen. Wie in den schönsten Kindertagen sind sie dann auch aufgenommen und umsorgt worden. Ja, von Nordstrand sprächen seine Leute daheim eine ganze Menge. Hier gäbe es Arbeit und Brot, meinten sie, der Großbauern wegen und der vielen Mühlen. Zu Hause hätte er nur Kost und Logis als Viehjunge gehabt und den anderen ginge es nicht besser. Sie wanderten dann auch aus nach Amerika. Viele führen auch nach Hamburg, aber da seien schon genug, wußte Nahme Nahmsen zu erzählen. Mit der Seefahrt ginge es immer mehr bergab. Längst vorbei wäre die große Zeit des Walfangs, von dem sein Großvater immer noch zu schwärmen wußte. Kapitäne, Steuerleute, Matrosen, nein, die würden jetzt nicht mehr gebraucht. Nur ein paar Familien stellten noch Seefahrer, die auf den großen Liners unterwegs sind, rund um die Welt und nie nach Hause kämen. Dieser Franzosenkaiser sei an allem Schuld. Zu Hause im Pesel redeten sie sich die Köpfe heiß. Und auf so einem Klütenewer verdiente man nichts. Viel Arbeit, trockenes Brot und Schläge. Nein, er könne nichts dabei finden, auf bessere Tage zu warten, wenn vielleicht wieder ganze Besatzungen aufgestellt würden, hinauszufahren in die Ferne, um mit einem Sack voll Taler heimzukommen. Nordstrand, wie er auf Nordstrand käme. Da wäre ein Ingwer Ludwig Nommensen von Nordstrand in Wyk gewesen. Der suchte ein Schiff, welches ihn mitnehmen sollte. Nach Afrika wollte er, Missionar werden. Er hatte überall gefragt und danach herumgesucht. Niemand aber wollte ihn mitnehmen. Viel ist darüber gesprochen worden. Damals habe er von Nordstrand gehört und jetzt sei er hier, über das Eis gekommen.

Anthoni Hans Anthonissen hatte dem Nahme Nahmsen interessiert zugehört. Er wußte zu genau, wie wenig rosig die Lebensbedingungen für einen Nichtbesitzenden waren. Da hätte er man gleich zu Hause bleiben können. Junges Blut läßt sich nicht bändigen, dachte der Fährmann, und warum sollte man ihm schon bei seiner Ankunft alle Illusionen nehmen. Anthoni Hans Anthonissen zeigte auch einen stillen Respekt vor dem Mut und dem Wagnis, das der junge Nahme eingegangen war. Heldentum ist meistens das Produkt einer Zwangslage und stellt den Ausnahmezustand dar. Der Fährmann kannte das aus seinem eigenen Leben zur Genüge. Weil aber auch Veränderungen weh tun, sich in Träume verspinnen, aber auch ein ganzes Leben bedeuten können, bat der Fährmann den jungen Fremden, ihm seine Hand zu leihen. Ein Lager würde sich schon finden und verhungern täte man auch nicht. An Haus und Hof gäbe es genug Arbeit. Im Frühjahr hätten sie dann alle Hände voll zu tun, den Fährverkehr abzuwickeln. Mit der Zeit, so meinte er, würde sich schon etwas passendes für ihn finden lassen. Nahme Nahmsen willigte, ohne zu zögern, in diesen Kontrakt ein und Anthoni Hans Anthonissen war im Grunde froh, eine junge Hilfe und Stütze zu haben.

„PHARISÄERKRUG"      ABGEBRANNT 1945

So blieben die beiden zunächst beieinander. Nahme Nahmsen war nicht ungeschickt und entwickelte sich mit der Zeit zu einem anstelligen Decksmann. Ihm haftete aber eine gewisse Fremdartigkeit an, die er nicht ablegen konnte. Sicher ging ihm die plattdeutsche Sprache nicht so von der Zunge, wie seine friesische Muttersprache, die auf Nordstrand seit der niederländischen Einwanderung nicht mehr gesprochen wurde. Aber da war noch etwas, was dem aufmerksamen Beobachter nicht entgehen konnte. In seinen Augen stand zeitweise ein unruhiges Flackern zu lesen, ein Ausdruck tiefer innerer Unruhe, die er sonst nicht ausdrückte. Manchmal ging Nahme Nahmsen abends an den Deich, sah solange in den violetten Wolkenrahmen, bis die stahlblaue Dämmerung aus dem Wasser emporkroch und ein Frösteln über seinen Rücken lief. Und manchmal trieb er sich schon frühmorgens auf den Fennen umher, wo Kühe und Pferde grasten. An solchen Tagen war Nahme Nahmsen widerspenstig und anpassungsfähig zugleich. Der Fährmann Anthoni Hans Anthonissen hatte darüber seine eigene Theorie. Fernweh und Heimatgefühle sind eine ebenso schlimme Sache wie die Seekrankheit. Er ließ ihn gewähren, auch dann, wenn er an schönen Sommertagen in die alte Kirche nach Odenbüll ging, um sich ganz allein zwischen die Sitzreihen zu hocken, wenn das Licht der Sonne durch die hohen Fenster fiel und tausende von Staubteilchen einen eigenartigen Tanz zwischen den Bänken aufführten.

Übers Jahr, nachdem die Nordstrander und besonders die Bauern im Koog, ihn sich genügend beguckt hatten, sein geschicktes Hantieren mit Segel, Ruder und Festmacherleinen ausgiebig kommentiert war, kam Nahme Nahmsen als Stallknecht in feste Stellung bei dem Bauern Peter Georg Johannsen. Dieser Peter Georg, wie er kurz genannt wurde, war Besitzer eines großen Hofes im Elisabeth-Sophien-Koog. Der wohlhabende, bei den kleinen Leuten auf dem England beliebte Hofbesitzer ließ öfters einen Taler springen und galt als feucht fröhlicher Zechgenosse. Er ist insoweit in die Inselgeschichte eingegangen, als er als der Erfinder des „Pharisäers" gilt. Das mußte anläßlich der Taufe der Tochter Helene gewesen sein im Jahre 1873. Wie immer zogen auch damals die frommen Herren der Insel, allen voran der Pastor von Odenbüll, gegen die ausgelassenen Trinksitten der Insulaner zu Felde. Bauer Johannsen ordnete deshalb an, daß bei den Tauffeierlichkeiten Rum mit Kaffee und des Geruchs wegen darauf Schlagsahne den Gästen zu verabreichen sei. Nur der Pastor sollte vom Rum verschont bleiben. Im Zuge der Festlichkeiten jedoch, mußte der Küche ein Fehler unterlaufen sein. Der Pastor, der sich ohnehin über die wachsende Lebhaftigkeit der Unterhaltungen wunderte, erhielt versehentlich einen solchen Kaffeepunsch, worauf dieser den Ausspruch „Ihr Pharisäer" getan haben soll. Welchen Beliebtheitsgrad diese Art der Kaffeezubereitung bei den Nordstrandern gefunden hatte, mag aus der Tatsache hervorgehen, daß bei Festen im privaten Bereich heute noch der „Pharisäer" zum Standart gehörend, gereicht wird. Freilich endete das Leben des Peter Georg Johannsen nicht so fröhlich wie die Kindtaufe. Wegen Trunksucht wurde er noch im hohen Alter entmündigt, bekam drei Vormünder. Sie konnten seinen Hof nicht mehr retten. Er geriet in Konkurs und ging in andere Hände über.

Der Pastor Georg Adolf Bleyer ging nicht als „Pharisäer Pastor" in die Nordstrander Geschichte ein, sondern als ein Mann, dem die Verbesserung der Schulverhältnisse sehr am Herzen gelegen waren.

Dem Nahme Nahmsen mußte es auf dem Petersenhof, wie das Anwesen im Volksmund hieß, gefallen haben. Er heiratete eine Grotje Lorenzen und zog mit ihr in das Haus auf dem Deich. In der Ehe wurden den Eltern innerhalb kurzer Zeit fünf gesunde Kinder geboren.

Eines Tages war Nahme Nahmsen samt Familie so plötzlich verschwunden, wie er einst aus dem Eis aufgetaucht war. Sofort begann darüber eine Geschichte zu reifen. Die Leute erinnerten sich mit einem Male der Kinder, der Lehrer auch. Immer waren es nur rotznäsige Tagelöhnerkinder, die nur unregelmäßig in die Schule kamen, barfuß bis Martini. Schulsachen hatten sie so gut wie keine. Nicht, daß die Bauernkinder sie schnitten. Nein, so konnte man es nicht sehen. Doch zu Hause, an den sonntäglichen Mittags- und Kaffeetischen schnappten sie das eine oder andere auf. Da unterhielten sich die Erwachsenen über die Kosten, die aufzuwenden waren für die Schulunterhaltung, eben auch der vielen Nahmsenkinder. Wenn es um Geld ging, wurden noch so gemütliche Bauern kühle Rechner. Tagelöhner waren dann auch hohe Kostenfaktoren. Dabei wußten die Nahmsens viel mehr als ihre Schulkameraden. Sie tollten den ganzen Tag in den Fennen herum oder waren auf dem Vorland. Sie kannten die Dachböden der Scheunen und erfuhren in den Ställen die geheimnisvollen Zusammenhänge der Vermehrung. Sie wußten, wo die Hühner mit Vorliebe ihre Eier versteckten, wo die Schweine am leichtesten ausbrechen konnten. Sie lebten in ihrer eigenen Welt. Wenn es dunkel wurde, sie nicht heimfinden konnten, tat sich ihnen eine wundersame, unheimliche Welt auf. Wenn die Schatten immer länger wurden, tanzten in den alten Weiden entlang der Gräben Fratzen wie von unsichtbaren Fäden gezogen. Die Nahmsenkinder hatten eine glückliche Kindheit. Gott schuf das Meer, die Friesen aber die Küste, sagt ein altes Sprichwort. Irgendwo wird sich auch ein Platz für Nahme Nahmsen gefunden haben.

Vielleicht war es einer von den Nahmsens, der als der alte Heinrich in die Geschichte eingegangen ist. Der alte Heinrich war nicht richtig im Kopfe, so meinten die Leute. Viele Jahre wohnte er in einer kleinen Kate unterhalb des Deiches. Die Fenster waren meistens mit Blendläden verschlossen. Im Sommer hingen ein paar zerzauste Geranien davor. Oft saß ein schwarzer Kater vor der Tür und fror im Wind. Heinrich half hier und da, flickte Zäune, hütete Schafe, hackte Holz. Ab und zu bekam er eine warme Mahlzeit. Die Kinder kamen gerne zu ihm. Er schnitzte ihnen Flöten aus Weidenholz, zeigte, wie man Heckenbraunellen fing, wie kleine Holzstücke mit Entenfedern bestückt, über das Wasser segeln konnten. Ganze Flotten hatte er ihnen gebaut. Manchmal saß er an den Sommerabenden zwischen seinen Tabakstauden, sah entlang den

Lichtdrähten und seine Gedanken wanderten in eine ferne Vergangenheit. Im Summen des Abendwindes hörte er die Stimmen seiner Kindheit : Das Hüa und das Hott, wenn die Lohndrescher ins Land kamen, das Gezank der Weiber vom fahrenden Volk. Er sah rissige und faltige Gesichter, roch den Staub auf den Karren der Zigeuner und die Melodie ihrer Flöten war ihm nicht verklungen. Längst kamen keine Gaukler mehr ins Land und auch die Monarchen blieben aus. Dafür kamen andere Leute, auch von weit her, die Stricksachen, Tischdecken, Teppiche und Schmuck gegen Speck, Butter und Kartoffeln tauschen wollten. Aber Heinrich brauchte solche Sachen nicht und hatte auch nichts wegzugeben. Wenn der erste Schnee gefallen und die Jagd auf war, holten ihn die wenigen Männer, die noch verblieben waren. Zwischen all dem Gejohle der Kinder stakste der Alte als Treiber über die Felder. Heinrich wußte, wo die Fasanenhähne standen und sich die Hasen verborgen hielten.

Der alte Heinrich hatte nur eine vage Vorstellung von dem, was sich draußen in der Welt an Kriegsgeschehnissen abspielte. Um die Weihnachtszeit 1945 fand ein Flüchtlingspaar nach langen Strapazen und Irrwegen bei ihm eine Zuflucht. Als die Frau in seinem Hause ein Kind zur Welt brachte, mußte es um

den Heinrich geschehen sein. Er glaubte, das Christkind wäre neu geboren worden. Der Mann wurde so kindlich glücklich, daß er nach einem Geschenk suchte und nur einen Apfel fand. Die Leute wußten zu berichten, wie er auf die Knie fiel, das Kind anbeten wollte wie einst die Hirten auf dem Felde in Bethlehem. In sein einfaches Leben war ein Licht gekommen, ein Licht, wie es ihm seine Mutter angezündet hatte, als er noch ein kleiner Junge war. Dieses Licht hatte ihn sein Leben lang begleitet und war ihm jetzt zum Wunderschein geworden. Darüber verließen den alten Mann seine Kräfte. Voller Entzücken, so erzählte man sich, ist er eingeschlafen und hinübergegangen in die Ewigkeit.

# Das Vermächtnis des Kammerjunkers

Wer in der Uthlande bestehen will, hat eine harte Probe zu bestehen. Mit Sturm und See, mit Eis und Hitze, mit hundert Gegnern muß er ringen. Der Kammerjunker Ernst von Bertouch machte dabei keine Ausnahme. Er kam 1853 in das Amt eines Landvogtes, wie jetzt die Staller hießen. Er war ein linientreuer dänischer Beamter mit deutscher Schulbildung. Der Konflikt zwischen Deutschland und Dänemark zeichnete sich ab. Die dänische Krone wollte die Herzogtümer Schleswig und Holstein enger an sich binden. Die dänischen Beamten hatten aber Schwierigkeiten, im deutschsprachigen Raum zurechtzukommen. Für die Regierung in Schleswig war es deshalb nicht leicht, dänisch gesinnte, aber deutschsprachig gebildete Beamte für die leitenden Stellen der Provinzverwaltung zu finden. Die Abgelegenheit der Insel und der sicherlich auch nicht allzu günstige Ruf ihrer Bewohner schreckte obendrein noch manchen Stellenbewerber ab. Im Nordfriesischen spalteten sich die Geister. Man war wieder einmal auf der Suche nach einer eigenen Identität: Hier deutsch, dort dänisch, andere friesisch. Nie ist es den Friesen gelungen, ein eigenes Staatsgebilde aufzubauen, vielleicht der Weiträumigkeit, der Zerrissenheit ihres Landes wegen. Vielleicht aber auch, weil ihnen der Begriff von einem Staat viel zu fremdartig war. Immer stand der Einzelne, die Familie, die Sippe, die Koogsgemeinschaft im Mittelpunkt des Denkens. Jetzt versuchte man es mit aller Macht. Ein eigenes Wappen entstand. Vergangenheitsbewältigung wurde lebhaft betrieben. Doch die Zeugnisse der Vergangenheit liegen im Schlick des Meeres begraben. Es drehte sich immer nur um Deiche, Deichbau, Stürme und Fluten.

Die Mehrheit der Nordstrander lehnte den dänischen Regenten von Bertouch ab. Er war ungemein eitel und geriet in den Verdacht, gemeinsame Sache mit den ungeliebten Katholiken zu machen, die ihnen einstmals als Fremde ihr Land weggenommen hatten.

Die guten Verbindungen des damaligen römisch-katholischen Pfarrers Joseph van Ackeren zum Hardesvogten Ernst von Bertouch sollten später auch für den Bischof in die katholische Kirche in den Herzogtümern von einiger Bedeutung sein. Die katholische Kirchengemeinde wollte eine eigene Schule einrichten. Natürlich stieß diese Absicht auf den heftigsten Widerstand der Hauptpartizipanten, die den Gemeinderat in jenen Tagen beherrschten und die absoluten Herren waren. Auch die oberste Schul- und Kirchenbehörde zögerte die Angelegenheit immer wieder hinaus. Selbst Bittschriften des Bischofs von Osnabrück waren ohne Erfolg. Erst 1863 wurde eine katholische Schule auf Nordstrand zugelassen, die noch heute die einzige Bekenntnisschule im Land Schleswig-Holstein ist und alle Reformen im Schulwesen überlebte.

Seitens des Kammerjunkers von Bertouch erhielt die katholische Kirchengemeinde kräftige Unterstützung. Er knüpfte Verbindungen nach Kopenhagen an. 1858 reiste der Bischof von Osnabrück nach Kopenhagen und wurde vom dänischen König in Audienz empfangen. Das war ein erster Durchbruch zu mehr Religionsfreiheit in den damaligen Herzogtümern.

Nach all seinen Bemühungen um die katholische Sache hielt der Kammerjunker es im Jahre 1859 für an der Zeit, um die Verleihung eines päpstlichen Ordens einzukommen. Am liebsten hätte er für sich den Orden erster Klasse vom goldenen Sporn gehabt. Es wurde schließlich nur der Pius-Orden II. Klasse" daraus.

Ernst von Bertouch hielt es bis 1864 auf Nordstrand aus. Er trat später in preußische Dienste über und wurde weit weg nach Wiesbaden versetzt. Seinen Nordstrander Besitz verkaufte er an die katholische Gemeinde, die hier schließlich Pfarrhaus, Kirche und Schule errichtete.

1890 gab er in Weimar ein Buch mit dem Titel „Vor vierzig Jahren" heraus. Ihm verdanken wir eine eindrucksvolle Schilderung der gesellschaftlichen Verhältnisse um 1850 auf Nordstrand. Wenn man bedenkt, wie leicht erreichbar heutzutage die Inseln und Halligen mittels Fährverbindungen, Eisenbahn- und Autodämmen sind, vermag die nachstehende auszugsweise Schilderung aus diesem Büchlein wahrhaft abenteuerlich anmuten:

„Als ich die Insel zum ersten Male betrat, geschah dies unter eigentümlichen Verhältnissen. Der Streit zwischen Dänemark und seinen aufständischen Provinzen war eben beendigt. Dänische Statthalter hatten mit militärischer Hilfe die Ruhe und Ordnung überall wieder hergestellt. Die ungeregelte Verwaltung im Herzogtum Schleswig leitete ein eigener Minister mit nötiger Energie, aber milder Mäßigung. Nicht wohl ganz in seinem Sinne indessen waren schon vorher aus politischen Gründen die meisten der Schleswigschen erledigten höheren Beamtenstellen mit einzelnen Dänen besetzt.

Diese zeigten sich bald, abgesehen von sonstiger Tüchtigkeit, sowohl der Provinzialgesetzgebung, als in den meisten Fällen auch der dort vorherrschenden deutschen Sprache völlig unkundig. Geschehenes ließ sich eben nicht ändern, und leider hatte die sehr übermütige dänische Presse noch einen so großen Einfluß auf die Regierungsmaßregeln, daß es dem Minister bedenklich erscheinen mochte, in dieser Beziehung schon jetzt eine neue Bahn zu betreten. Es fiel deutschgebildeten Beamten daher schwer, dort Anstellung zu erhalten und würde auch mir wohl kaum gelungen sein, wenn nicht die Abgelegenheit der Insel und der nicht allzu günstige Ruf ihrer Bewohner anderweite Stellensucher abgeschreckt hätte.

Mit dem Amt erhielt ich Befehl, es sofort anzutreten. Von Kopenhagen aus, wo ich mich in der Zeit gerade aufhielt, erschien die Ausführung dieses Befehls mitten im Winter nicht leicht. Schon der Weg über die Belte ist in dieser Jahreszeit mit vielen Schwierigkeiten verbunden.

Da das Meer zwischen Kopenhagen und Kiel noch offen war, entschied ich mich für diesen beträchtlichen Umweg. So angenehm aber die Dampfschiffahrt unter anderen Umständen in diesen Gewässern zu sein pflegt, so unbehaglich erschien sie mir jetzt. Die See ging hoch, der Sturm pfiff in den Raaen, alles ward seekrank. Ein eisiger, mit Schnee gemischter Regen, peitschte das Deck. Die Schaufelbewegung des Schiffes war so stark, daß man bei jedem Schritte Gefahr lief, zu fallen.

Kiel erreichten wir frühmorgens. Die Weiterreise mit der Bahn nach der dem neuen Bestimmungsorte am nächsten liegenden Stadt Husum an der schleswigschen Westküste bot nichts Bemerkenswertes. Hier stellten sich mir aber neue Hindernisse in den Weg.

In der Westküste lag nämlich alles schon in tiefem Schnee. Der Hafen war zugefroren, das Fährschiff aufgelegt, kein Schiffer bereit, in einem Boot überzusetzen. Doch wollte ich noch einen Versuch machen, mein Ziel zu erreichen. Auf offenem Leiterwagen fuhr ich nach dem eine Weile von Husum entfernten Dorfe Schobüll, welches der Insel gerade gegenüberliegt. Hier fand ich endlich einen Bootsmann, der sich für gute Bezahlung darauf einließ, die Überfahrt in einem gebrechlichen Kahn zu unternehmen.

Dies Wagstück schien größer, als es war. Meiner Ansicht nach lag die Insel meilenweit entfernt. Nur wie ein langer Lichtstreifen hob sich der weißbeschneite Deich vom Horizont ab. Darüber hinaus ragten Windmühlen und die Dächer einzelner Häuser. Weite Schnee- und Eisflächen füllten den Zwischenraum aus.

Kaum eine Viertelstunde nach unserer Abfahrt teilte der Schiffer mir aber schon mit, daß wir gelandet seien. Mir wollte dies freilich nicht einleuchten; denn augenscheinlich hatten wir uns der Insel seitdem nur wenig genähert. In seiner Weise hatte er dennoch recht. Der Meeresarm, welcher das Festland von der Insel trennt, war an dieser Stelle nur sehr schmal. Unser Boot saß bei tiefer Ebbe nun auf dem Watt, welches die Insel umgibt. Von hier aus bis an den Deich war der ganze Boden mit Eisschollen bedeckt, welche die Flut angetrieben hatte. Diese bestanden indessen nicht aus einer festen Masse; sondern aus einer losen Zusammenhäufung von Schnee und Eis, in welche man oft bis an die Achsel einbrach. Der Marsch darüberweg war dadurch sehr beschwerlich. Erst nach einer Stunde erreichten wir den Deich und bald darauf den ersten Bauernhof, dessen freundlicher Besitzer uns mit einem guten Schnaps und Käsebrot erquickte. Dann mußten wir noch eine volle Stunde durch ungebahnten Schnee bis zum Mittelpunkt der Insel waten, wo meine künftige Wohnung lag. Von hier aus konnte man den größten Teil meiner neuen Heimat überschauen. Wie ein mächtiger Ring zog sich der Deich um dieselbe. Einzelne Teile waren durch ältere Deiche von den übrigen getrennt. Daran erkannte man die allmähliche Landgewinnung. Auf und unter den Deichen lagen Häuserreihen, größere Höfe und einzelne kleinere Häuser zerstreut mitten im Lande.

Alles deckte der blendend weiße Schnee; kein menschliches Wesen zeigte sich, tiefe Stille herrschte überall. Nur rauchende Schornsteine ließen erkennen, daß die Insel bewohnt war.

Unter noch ungünstigeren Verhältnissen hatte ich zu anderer Zeit Gelegenheit, solche Winterfahrten kennen zu lernen. Ein Schneesturm raste durch die kleine Hafenstadt Husum, als ich dort eintraf. Häuserhoch war der Schnee an einigen Stellen zusammengeweht, während an anderen das holprige Straßenpflaster wie gefegt erschien. Es konnte als ein Wagstück gelten, bei solchem Wetter an die Überfahrt zu denken.

Amtspflichten machten aber meine Anwesenheit auf der Insel für den folgenden Tag notwendig. Da mußten alle persönlichen Rücksichten in den Hintergrund treten.

Der Schiffer, welcher sich des gewöhnlichen Fährschiffes bei dem starken Eisgange nicht bedienen konnte, hatte für Personenbeförderung ein Ruderboot bei der sogenannten Dampferbrücke an der Aumündung angelegt. Dahin konnte man bei dem hohen Schnee nur zu Fuß gelangen. Dabei sank man auf ungebahnten Weg knietief ein und war ungeschützt dem furchtbaren Wetter ausgesetzt, weil dieser über den Kamm des hohen Meerdeiches lief.

Dreiviertel Stunde von Husum lag an dessen Innenseite, der erwähnten Landungsbrücke gegenüber, das Fährhaus. Es war erbaut, als Husum träumte, Handelsempore zu werden, in Konkurrenz mit dem benachbarten Tönning Hauptladeplatz der fetten Rinder und Schafe, welche man aus den weidenreichen Marschen der Elbherzogtümer auf den Markt von Islington sandte. Der erwartete „riesige Verkehr" blieb aus; aber neue Hoffnungen knüpften sich an die Anlage eines großartigen Austerndepots... - Auch diese sollten bald wesentlich herabgestimmt werden, wenn auch das Geld der Unternehmer sich als ausreichend erwies, der Anlage den Fortbestand zu sichern. Das Gebäude diente nun einem Aufseher zur Wohnung, dem eine milde Gemeindeverwaltung das Recht verlieh, Durchreisenden eine Erquickung zu reichen. Hier machten wir einstweilen Halt; dennoch war die Flut im Steigen und bevor sie ihren Höhepunkt - das sogenannte Hochwasser - erreicht, konnten wir an die Bootfahrt nicht denken.

Naß und durchkältet betraten wir das überhitzte Zimmer, aus welchem uns ein widriger Dunst entgegenkam. Die weiße Holzdiele war am Morgen frisch gescheuert, aber noch nicht abgetrocknet, obwohl man sie dick mit Sand bestreut hatte. In einem Wandbette wimmerte ein krankes Kind. Um die Wände lief eine hölzerne Bank hinter langen, schmalen Tischen. Die trüben Scheiben der niedrigen Fenster mochten auch an hellen Tagen nur mäßiges Licht in das düstere Zimmer werfen. Heute genügten sie kaum, die Tische zu erhellen.

Daß dieser Aufenthalt kein behaglicher war, bedarf wohl kaum der Erwähnung.

Ein Saal, wie der Wirt ein größeres Zimmer mit vielen Fenstern an der anderen Seite des Hausflures euphemistisch nannte, stand uns zwar auch zur Verfügung, hatte aber eine so eisige Temperatur, daß wir uns lieber in der dunstigen Wohnstube mit dem Kindergeheul zufrieden gaben, als in dem luftigen Saale ausfrieren ließen.

Wer hätte hiernach denken sollen, daß dieser mehr als bescheidene Zufluchtsort Genüsse bieten könnte, um welche mich mancher Gourmant beneidet haben würde.

Auf die Frage, was es zu essen gebe, zog unser Wirt mit trauriger Miene die Schultern. „Nicht viel, meine Herren; Wein führe ich nicht, aber dünnes Bier, oder einen steifen Grog können Sie wohl haben, dazu schwarzes Brot mit etwas altem Schafskäs; aber das Brot ist ziemlich hart. Wir mußten es aus Husum holen und das geschieht die Woche nur einmal, heute aber ist Sonnabend und da haben wir nur noch den Knust (harte Rinde).

Diese Aussicht erschien uns ziemlich trostlos; denn vor Abend konnte ich die Heimat nicht erreichen. Plötzlich kam der Schiffer jedoch auf einen guten Gedanken. „Warr", rief er, „Du hast jo wul Oesters; de schullen de Herr wul smecken?" „De sind aver infroren, Peter," war die Antwort. Gleichviel; ich ruhte nicht, bis der Wirt den Versuch gemacht hatte, seine „vermeintlich eingefrorenen" Austern aus einem hinter dem Hause befindlichen Bassin zu holen. Und siehe da, sie waren zwar etwas kalt, sonst aber ganz vortrefflich und gegen die Kälte half der steife Grog. Das Mahl war um so lukullischer, als ich mich dabei nur nach meinem Appetit zu richten brauchte; denn auf ein Dutzend mehr oder weniger kam es dem Wirt nicht an. Versenden durfte er sie nicht, selbst mochte er sie nicht und an den meisten seiner Gäste fand er für eine so kalte Speise keine Liebhaber.

Nach zwei langen Stunden hatte das Wasser den richtigen Stand erreicht. Es begann langsam zu fallen und damit konnten wir das Boot „abtreiben" lassen.

Als wir die Au verlassen hatten, lag aber nicht jener schmale Wasserarm vor uns, den ich bei meiner ersten Reise überfahren. Eine breite Wasserfläche von mehr als einer halben Meile dehnte sich zwischen Festland und Insel aus, übersät mit großen und kleinen Eisschollen. Mühsam mit langen Stangen hielt der Schiffer diese von uns ab, um sich dann durch die breiige Masse von Schnee und Eiswasser zu drängen. Oft waren wir rings von festem Eise umgeben und mußten, in Gefahr gequetscht zu werden, wohl eine Stunde warten, bis es sich selbst soweit verschob, daß wir eine Fahrrinne fanden, oder es dem Schiffer gelang, eine solche zu bahnen. So kämpften wir stundenlang, bis wir endlich auf zahlreichen Umwegen gegen Eintritt der Dämmerung das schneebedeckte Vorufer erreichten und nun noch 1 1/2 Stunden durch tiefen Schnee auf ungebahnten Wegen uns bis zu meiner Wohnung durcharbeiteten. Wie einem nach solchen Anstrengungen eine warme Tasse Tee bekommt, vermag nur derjenige zu schätzen, welcher ähnliche Erfahrungen gemacht.

Es gibt aber auch ausnahmsweise eine bequemere Art, im Winter von Husum nach der Insel zu gelangen.

In harten Wintern gefriert nämlich der bei der ersten Fahrt genannte schmale Meeresarm und dann beeilen sich die Insulaner darüber einen Weg zu bahnen, welcher mit zweispännigen Schlitten befahren, aber fast noch mehr von Fußgängern benutzt wird. Große Eisstücke werden zu beiden Seiten dieser Bahn in gewissen Entfernungen angebracht, um sie bei nicht zu hohem Schnee jederzeit kenntlich zu machen. Wenn dann eine ebene Schneedecke Gräben und Kanäle der Insel ausfüllt und der Frost sie mit fester Kruste überzieht, so beginnt ein munterer Verkehr zwischen der Stadt und den Bewohnern der Insel. Geschäfts- und Vergnügungsfahrten lösen sich ab, und wie auf einer großen Landstraße fliegen die Gefährte mit ihrem munteren, aber etwas heiseren Geklingel aneinander vorbei.

Auch auf der Insel überbrückte der Schnee im Winter jede Schwierigkeit und wurden dann auf den Bauernhöfen dort nicht weniger muntere Gesellschaften gegeben, wie bei uns in den Städten, wenn der Schneeschaufler seine Schuldigkeit tut.

Ganz anders wie im Winter gestalteten sich die erwähnten Küstenfahrten, wenn das Wasser offen, d. h. dessen Befahrung nicht durch Anhäufungen von Schnee und Eis behindert war. Damit soll aber nicht gesagt sein, daß sie dadurch angenehmer wurden. Man konnte sich nun zwar des einigen Schutz gewährenden Fährschiffes bedienen. Dies war indessen nur ein zweifelhafter Gewinn; denn je größer das Fahrzeug, desto ungelenker ist dessen Bewegung, desto abhängiger von Wind und Gezeiten. Wo der geringe Tiefgang den flachen Ruderbooten gestattete, auch bei niedrigem Wasserstand gerade Kurse einzuhalten, mußte das Fährschiff behutsam den Vertiefungen des Meeresbodens folgen und konnte daher nicht einmal immer günstige Winde benutzen. - Waren freilich Wind und Wasserstand günstig, so bedurfte das vor vollen Segeln auffahrende Schiff kaum eine halbe Stunde, um von Land zu Land zu fliegen, so gereichte es nur zum Vergnügen, einem Schwane gleich hinzugleiten über die leicht erregte Flut. Selten genug kam dies vor. Drei andere Fälle bildeten die Regel und lösten sich gewöhnlich ab: Fahrt bei Windstille, bei Gegenwind und bei Sturm.

Die Fahrt bei völliger Windstille brachte namentlich den Schiffer fast zur Verzweiflung. Die Segel hingen schlaff am Mast. Um das schwerfällige Fahrzeug zu bewegen, mußte er es an seichten Stellen mit Stangen vorwärts schieben und an den tieferen die Ruder („Rahme") in die „Rinnen" (Ruderpflöcke) legen. Auch wenn er rechtzeitig vom Festlande abfuhr, reichte oft die Gezeite (sechs

Stunden) nicht aus, bis an die Landungsstelle zu gelangen. Vielleicht nur hundert Schritt davon mußte er den Anker werfen und auf den nächsten Wasserwechsel warten. Das Schiff lag auf dem Watte frei, nur am Kiel leicht bespült von ablaufender Flut. Bis es wieder flott wurde, vergingen nahezu vier Stunden. Dann trieb es langsam auf. Inzwischen war es Nacht geworden. War der Fährmann, welcher sonst Reisende und deren Gepäck vom Schiffe zu holen pflegte, weil es an dieser Stelle der Insel keinen Hafen gibt, bei der bisherigen Lage des Schiffes in dem moorigen „Borwatt" hieran behindert gewesen, so hatte er offenbar jetzt die am Mast aufgezogene „Signallaterne" nicht bemerkt, weil er sich schon zur Ruhe begeben hatte. Der Schiffer setzte daher nach Tritonenart eine große Muschel vor den Mund und entlockte derselben einen weithinschallenden klagenden Ton. Dies half. Bald wurde es am Ufer lebendig. Man hörte Peitschenknallen, das Rasseln von Wagenketten, das Prusten von Pferden und das Plätschern der bis an die Achsen durch das Wasser fahrenden Räder. Endlich hielt der Wagen am Schiff und durch Nacht und Nebel fuhr man ans Land. Man hatte zu dieser Fahrt vom Festlande aus mehr als zehn Stunden gebraucht.

Spät abends war ich einmal in Husum eingetroffen. Es kam mir sehr darauf an, ohne Aufenthalt die Reise zu der Insel fortzusetzen. Der Hotelwirt, den ich darüber befragte, verwies mich an eine Schiffsherberge. Hier hatte sich aber schon alles zur Ruhe begeben. Erst auf wiederholtes Klopfen ward mir die Tür geöffnet. Es zeigte sich darin ein Mann in der einfachsten Nachttoilette und erklärte sich auf meinen Wunsch bereit, mir für den anderen Morgen einen Schiffer zu bestellen, der mich nach der Insel übersetzen könnte.

Noch war es nicht völlig Tag, als ein solcher sich einfand und mir kurz und bündig erklärte : In einer halben Stunde müsse ich am Hafen sein, sonst fahre er ab; das Wasser lasse nicht auf sich warten. Ungefragt bemächtigte er sich meines geringen Gepäcks und „stiefelte ab".
Zwei kleine Einmaster von kaum 30 Fuß Länge lagen nebeneinander im Hafen. Der vordere, scharf gebaut, frisch gestrichen, sauber gehalten, alle Taue straff gespannt, am Mast der wehende Danebrog, machte einen freundlichen Eindruck. Zu meiner Enttäuschung gehörte jedoch der zweite meinem Fährmann.
Von ungefähr gleicher Größe unterschied derselbe sich in allen anderen Stücken wesentlich von dem Ersteren. Er führte einen breiten Bug, war alt, vielfach ausgebessert und hatte offenbar seit Jahren keinen Farbetopf gesehen Die Taue hingen lose am Mast, waren hier und da geknotet. Die Segel

glichen Musterkarten mehrfarbiger Lappen. Das Verdeck trug noch die Spuren verschiedener Mahlzeiten. Es wehte zwar auch eine Flagge am Mast, aber in einem so zerfetzten Zustande, daß der Schiffer besser getan hätte, sie im Kasten zu lassen.

Alle übrigen Passagiere befanden sich schon an Bord : Ein alter Hausierer im Landwand, ein Bauer mit seiner Frau und einige fremde Drescher, welche auf der Insel Arbeit suchten.

Die Kajüte war zu klein, uns aufzunehmen. Wir mußten uns daher im Schiffsraum einrichten so gut es ging, auf einigen Kasten und Tonnen. Das Schiff machte sich „klar" zur Abfahrt; der Mast ward niedergelegt, die Taue von den Duc d'Alben gelöst.

Unsere Besatzung bestand nur aus dem Schiffer und seinem Knecht. Ersterer war von Mittelgröße, vierschrötig, mit einem ungewöhnlich großen Kopf, den rötliche Haare wirr umflatterten, und hatte entschieden etwas Coboldartiges.

Dieser Eindruck ward noch erhöht durch sein verwittertes Gesicht dem ein Auge fehlte, während das andere nur gelegentlich einmal unter den buschigen Brauen scheu hervorlugte. Der graugesprenkelte Backenbart, der unter dem Halse weglief, konnte für das zottige Kinnband seines tief im Nacken getragenen Südwesters gelten. Ein rotbraunes Baumwollentuch umschlang den Hals wie ein farbiger Strick. Seine übrige Bekleidung bestand aus schmierigen Pluderhosen von unbestimmter Farbe, einer sogenannten Teerjacke, und großen, hochaufgezogenen Wasserstiefeln. Alle seine Bewegungen waren schwerfällig, sein Gang schlotterig.

Sein Gehilfe gab ihm an Häßlichkeit und Unsauberkeit wenig nach und schien, nach seiner stark geröteten Nase zu urteilen, dem Trunk verfallen. Offenbar war ihm sein eigener Körper, der ungewöhnlichen Länge wegen, selbst unbequem; denn er wiegte denselben stets verlegen hin und her. Dabei schob er wohl zur Erhaltung des Gleichgewichts, unaufhörlich ein Stück Kautabak mit der Zunge von einer Kuse in die andere.

Besonders vertrauenerweckend erschienen meine Fährleute demnach nicht. Der sog. Husumer Hafen, ursprünglich nur ein natürlicher, künstlich etwas erweiterter Wasserlauf, hatte damals so zahlreiche Windungen, daß bei ungünstigem Winde an ein Aussegeln nicht zu denken war. Bei seiner geringen Breite hätten wir unzählige Male kreuzen müssen. Daher ward das Schiff teils vom Ufer aus an der Leine gezogen, teils mit langen Bootshaken vorwärts geschoben.

Dies ging entsetzlich langsam und war um so langweiliger, als die Aussicht an beiden Seiten durch hohe Deiche beschränkt ward. Bald jedoch erhielten wir in anderer Weise Unterhaltung.

Inzwischen waren wir bis zu der oben schon erwähnten Dampferbrücke gelangt, welche am Ausfluß des Hafens in die Hever liegt. Hier ist das Wasser breit genug, um mit Vorteil Segel zu benutzen. Der Mast ward daher wieder aufgerichtet. Die Segel füllten sich. In rascher Fahrt schoß das Schiff nach rechts über die bewegte Wasserfläche. Zu früh hielten wir dies für ein günstiges Zeichen. Kaum hatten wir ein paar Schiffslängen gemacht, als die Steuerpinne auch schon gedreht ward. Das Schiff flog herum, rasselnd rollte der „Mastbaum" darüber hin. Um nicht umgeworden zu werden, mußten wir die Köpfe ducken. Links hinüber folgten nun einige Gänge; darauf rief der Schiffer „Ree" (d.h. Leg um). Das Schiff wendete, machte 2 bis 3 Schläge rechts, dann auf neues Kommando wieder links - rechts - links - rechts und so fort, bis uns schwindelte und der Hals vom ewigen Niederbücken steif ward. Daran, uns zu warnen, dachte unser Schiffer nicht, wir hatten uns auf sein Schiff - mithin in Gefahr -begeben und mochten seinetwegen darin umkommen. Das Fährgeld hatte er weg.

Unser Nachbarschiff war bisher allen unseren Bewegungen gefolgt, dabei aber stets hinter uns zurückgeblieben. Sobald jedoch das offene Wasser beiden Schiffen freien Spielraum bot, änderte sich das Blatt. Wie ein Admiral leitete der Gegner unseres Fährmanns vom Steuer aus sein Schiff.

Eine hohe kräftige Gestalt mit Adlernase und festem Blick erschien er das gerade Gegenteil desselben. Zwei halberwachsene Söhne - frische Jungen, wie man zu sagen pflegt - dienten ihm als Gehilfen und folgten mit den Augen jedem Wink ihres Vaters.

Kaum hatten wir einen Gang gemacht und auf die andere Seite übergelegt, so folgte das andere Schiff unserem früheren Fahrwasser, ging aber schärfer an den Wind und dies wiederholte sich bei jeder Wendung bis es uns unvermerkt erst wenig, dann mehr, zuletzt so weit überholt hatte, daß es Anker werfen konnte, als wir noch mehrere Gänge zu machen hatten.

Die beiden Schiffer, welche in der erzählten Weise miteinander um die Wette fuhren, waren Brüder, zugleich aber Todfeinde.

Auch diese Fahrten bei Gegenwind sind indes nur ein Kinderspiel gegen eine Fahrt bei Sturm. Morgens, als ich Altona verließ, hatten wir das schönste Wetter. Abends, als ich Husum erreichte, ging ein schwerer Wind. Auf dem einsam liegenden Bahnhofe summten die Telegraphendrähte; in der Stadt flogen die roten Ziegel von den Dächern. Der Regen floß in Strömen. Durchkältet und halb durchnäßt kam ich ins Wirtshaus. „Sie wollen doch nicht auf die Insel?" fragte mich der freundliche Wirt. „Freilich", entgegnete ich, „wohin denn sonst? Der Wind kann sich ja bis morgen legen." „Das glaube ich nicht," meinte er, „solcher Wind pflegt drei Tage anzuhalten." Angenehme Aussicht das! In der Stadt kannte ich fast niemand. Vom Fährschiffer, den ich kommen ließ, erhielt ich nicht viel Trost.

„Bi dat Wedder", - lautete sein Bescheid - „könt wi nich fahren; ward de Wind wat flauer, oder sleit he um, wöllt wi't versöken."

War nun seiner Ansicht nach das eine oder andere inzwischen der Fall gewesen; kurz, er holte mich schon zeitig am folgenden Morgen ab. Im Hafen sah es jedenfalls nicht sehr einladend aus. Der Wasserstand war ungewöhnlich hoch, das Fährschiff schaufelte am Bollwerk hin und her, der Sturm pfiff und heulte in den Tauen, die Schiffsluken klapperten. Ich war der einzige Passagier. Wir stießen daher sofort ab. Vom Schieben des Schiffes mit den Bootsstangen konnte heute nicht die Rede sein; dazu war das Wasser viel zu tief, übrigens auch breit genug zum Rangieren, wenn gleich nur in kurzen Gängen. Wir kamen daher nur langsam vorwärts. Dieser Umstand würde jedoch unsere Fahrt an sich nicht behindert haben; denn es lief wenig Wasser ab und in einigen Stunden hätten wir die Insel jedenfalls erreicht. Als wir aber an die Dampferbrücke kamen, wehte der Wind so heftig, daß wir nicht See halten konnten. Es mußte daher umgelegt werden. Pfeilschnell, mit gespannten Segeln ging es in den Hafen zurück. Ein Tag war verloren.

Auch am folgenden Morgen hatte der Wind nur wenig nachgelassen. Gegen Mittag unternahmen wir einen zweiten Versuch. Um Zeit zu gewinnen, hatte der Fährmann sein Schiff schon vorher bis zur Dampferbrücke ausgelegt. Dahin mußte ich nun zu Fuß auf dem schlüpfrigen Deich, gegen Sturm und Regen ankämpfend. Als ich hinauskam, erschien aber auch diesmal dem keineswegs furchtsamen Schiffer das Wetter für eine Überfahrt zu ungestüm. Wir mußten zum zweiten Mal umkehren, aber zu Fuß; denn das Schiff behielt seinen Anker-platz.

Endlich, am dritten Tage, machten wir einen nochmaligen Versuch, der besser gelingen sollte. Mehrere Passagiere hatten sich inzwischen eingefunden. Das Schiff lag wieder im Hafen, wohin es sich während der Nacht hatte flüchten müssen, weil es draußen Gefahr lief, von den Ankern zu reißen und aufzutrei-ben.

Jetzt waren Wind und Wasser ruhiger, allerdings nur vergleichsweise. Ich wenigstens konnte den Unterschied schwer erkennen. Auf dem Verdeck ver-mochte man es nicht auszuhalten. Unaufhörlich wechselte das Segel hinüber und herüber und hätte uns fast über Bord geschoben. In der großen Kajüte, gewöhnlich Schiffsraum genannt, erschien es ebenso wenig geheuer. Alle Luken mußten geschlossen sein; denn eine See nach der anderen rollte über Deck und die Speigaten vermochten das Wasser nicht schnell genug abzuleiten. Hatte das Schiff schon im Hafen sich wiegenartig bewegt, so fing es draußen an, gewaltig zu „stampfen".

Der kühne Schiffer hatte, trotz des Sturmes alle Segel beigesetzt. Mit voller Wucht warf er das Schiff in den Wind. Es bäumte auf, wie ein schnaubendes Pferd und tauchte dann wieder tief unter in die tobende Flut. Die Wellen brachen sich am Bug und die Brandung schäumte wie eine kochende Masse über das ganze Verdeck. Mit sicherem Blick und fester Hand lenkte Schiffer Peter das Steuer. Ein einziger Fehldruck konnte uns in den Abgrund jagen. Der Sturm nahm zu. Die Segel wurden „gerafft". Dennoch flogen wir mit verdoppelter Kraft über die Wasserfläche dahin. Nun schien die äußerste Grenze der Haltbarkeit gekommen. Das Schiff krachte und bebte in allen Fugen, aber es hielt. Plötzlich gelangten wir in stilleres Wasser. Ein Vorsprung der Insel gewährte uns rückseitig Schutz. Mancher Gang nach der einen und anderen Seite wurde zwar noch nötig, aber sichtlich näherten wir uns jetzt unserem Ziele.

Wir signalisierten daher der Insel unsere Ankunft durch Aufziehen der Flagge und eine Viertelstunde später warfen wir die Anker. Die starke Flutwelle hatte uns diesmal hoch hinaufgetrieben. Dem Fuhrmann, welcher uns an Land holte, ward dadurch die Arbeit leicht, uns aber die Unbequemlichkeit erspart, noch lange in seinem Marterkasten gerüttelt zu werden."

1950 AUF DEM DEICH

## Mit schnellen Schritten ins 20. Jahrhundert

Am Anfang dieser Geschichte stand die viele Arbeit, die vor mir lag und zu bewältigen war. Sie ist immer noch nicht geschafft, doch zeichnen sich erkennbare Fortschritte ab. Ich genoß den Blick aus dem Fenster des Dachbodens hinaus in die Uthlande; verfolgte mit den Augen die wechselnden Himmelsfarben. Meine Gedanken wanderten mit den Wolken über den Horizont hinaus. Meine Nachbarn, die Kühe und Schafe, gelegentlich ein Reiher, sind mir gute Vertraute geworden. Jeden Abend baumte auf der alten Rüster ein Fasan auf, wenn die Katze Katharina auf Mäusepirsch ging. Lorns Lornsen kam mit dem Fahrrad auf einen Schnack vorbei.

Die Welt hier draußen ist schön. Ob dies meine Vorgänger auch so empfunden hatten? Ich weiß es nicht. Es waren auch andere Zeiten.

1864 erfolgte die preußische Annektion Schleswig-Holsteins. Otto von Bismarck nahm das Land in die Zange. Berlin löste Kopenhagen ab. Für viele Friesen, die für die deutsche Sache eingetreten waren, bedeutete der Zugriff Preußens den Verlust der freien Heimat. So hatte man sich doch deutsches Wesen nicht vorgestellt, indem alte, jahrhunderte bewährte Selbstverwaltungspraktiken durch Verordnungen quasi über Nacht abgelöst wurden. Landräte kamen ins Amt. Schleswig war zwar nach wie vor Regierungssitz. Doch die Musik wurde in Berlin gespielt. Der Glaube an die gute deutsche Sache geriet ins Wanken. Man begann preußische Zackigkeit abzulehnen und zu begreifen, daß man so übel unter der Gottorfer Herrschaft nun doch nicht gelebt hatte. Des Friesen Vaterland? Mehr denn je stellte sich die Frage in den Wirtshäusern, auf den Viehmärkten, in den Häfen und auf den Versammlungen. In einem war man sich einig. Das 1803 eingeführte „Allgemeine Deichreglement", welches das mittelalterliche „Spadelandrecht" endgültig in die Vergangenheit verwies, hatte sich bewährt. Erstmals wurde Deichbau, Deichsicherung als soziale Aufgabe angesehen. Die große Zeit der Deichgrafen begann. Zwar hatte es diese Funktion früher auch schon gegeben, doch waren es mehr oder weniger einflußreiche Bauern gewesen, die Kraft ihres Gewichtes ihre anderen Standesgenossen zu den so unbeliebten aber notwendigen Arbeiten anzuhalten pflegten. Die Küste weiß viele Geschichten um die Deichgrafen zu erzählen. Der Bogen ist weit gespannt. Da ist von trinkfesten Gesellen die Rede, von alternden Trotteln und gutmütigen Dummköpfen. Vielfach war es auch ein Erbamt, welches vom Vater auf den Sohn überging. Eine Autorität kraft Amtes, wie es das neue Recht dem Deichgrafen zuschrieb, gab es zu jenen Zeiten noch nicht. Immer war es so viel, wie er an Persönlichkeit auszustrahlen in der Lage war. Das sollte sich jetzt ändern. Zwar blieb das Eigentümliche, nämlich die Wahl in dieses Amt bestehen, doch wurde der Deichgraf höchst persönlich für die Sicherheit des ihm anvertrauten Distriktes verantwortlich gemacht. Wen wunderte es, daß von nun an andere Männer in diese Ämter kamen, Männer vom Schlag eines von Bestenborstel, eines Allert Geelvinck, eines Indervelden, die dem auch so bequemen vorherrschenden Schlendrian energischer zu Leibe rückten. Wäre der Schimmelreiter Hauke Haien nicht erfunden, könnte er gleichsam so wahr sein, wie ihn der alte und kranke Theodor Storm Zeile für Zeile verfaßt hatte.

Nordstrand hatte bis zu seiner Anbindung mit dem Festland zwei Häfen. Die Fährverbindungen erfolgten tideabhängig vom Süderhafen. Von dort zog und zieht sich heute noch teilweise ein Sielzug nach England, ehemals Engeland bezeichnet. Hier war bis 1866 der eigentliche Hafen der Insel, den man durch das Engländer Loch, ein Vorland- und Wattenpriel von der Hever her erreichen konnte. Die Fahrrinne war krumm und mit Schiffen höchst unbequem zu befahren. Aber sie ging bis zum ungefähren Mittelpunkt der Insel. Der Engländer Hafen war wichtiger Umschlagplatz für Torf als dem hauptsächlichen Brennmaterial. 1862 ist in dieses Schlickloch der dänische König Frederik VII eingelaufen, als er Nordstrand visitierte.
1871 wurde das Deutsche Reich gegründet. Doch das, was sich da im Spiegelsaal von Versailles tat, war den Nordstrandern so egal wie der Schiet ihrer Schafe an den Deichen. Dafür zeigten sie vielmehr Interesse für die 1873 eröffnete Schank- und Gastwirtschaft von Hans Mölck am Engländer Hafen, die schnell zu einem Dreh- und Angelpunkt des Insellebens wurde. Hier kamen sie alle zusammen: Die Schiffer, die Bauern aus dem Koog, die oft erwerbslosen Arbeiter vom Hamburger Deich, vom Osterkoog und selbstverständlich die „Engländer" selbst.

Ein Bazillus war auf die Insel gekommen, nicht eingefallen wie eine Rapskä-
ferplage, sondern so nach und nach eingesickert. Man hatte etwas gehört von
Ferdinand Lassalle, von Karl Marx und dem, was sich auf der Geest und
dahinter an sozialdemokratischen Bewegungen tat. Nicht, daß Bismarcks
Sozialistengesetze hier greifen mußten, nicht daß hier ein Klassenkampf ausge-
fochten wurde. Doch ein allgemeines Unbehagen ging quer durch die Inselbevölkerung. Die immer wohlhabender werdenden Bauern und die immer rüde-
ren Ausbeutungsformen in der Gründerzeit des Kaiserreiches machten nicht vor
Nordstrand halt. Sie begannen ins Bewußtsein der Menschen zu dringen. Da
war nicht mehr friesisches Miteinander vom gegenseitigen Respekt getragen.
Die Schere zwischen arm und reich war dafür zu groß geworden. Preußens
Verfassungsrecht hatte die „Nordstrander Herrlichkeit", das Alleinbestim-
mungsrecht der Eigentümer an Grund und Boden abgelöst. Neue Leute, auch
Weniger-Besitzende hatten Sitz- und Stimmrecht in der Gemeindevertretung.

Man fuhr einen ersten frontalen Angriff gegen die Koogsbauern, forderte die Eingemeindung des Elisabeth-Sophien-Koogs in das übrige Nordstrand, nur bedingt erfolgreich. Es kam zwar zu vielen Vereinbarungen im Armen-, Hafen-, Feuerlösch-, Hebammen- und Gemeindekrankenhauswesen. Es gab jetzt auch die übergeordnete Verwaltung als Amt Nordstrand. An den tatsächlichen Besitzverhältnissen änderte sich gar nichts. Der Koog blieb was er war, eine ausschließlich auf maximalen landwirtschaftlichen Profit ausgerichtete Bauerngemeinschaft.

1875 kam mit Schiffer Baudewig Paul Jacobsen nach England. Er war eigentlich Weber von Haus aus, fuhr aber viele Jahre zur See. Paul Jacobsen verfügte nicht nur über einen nautischen, sondern auch über einen Bildungshorizont. Bei Baudewig hatte er abgeheuert, weil dem Bestmann der Sinn nach einem Zuhause stand und er das Haus auf dem Deich übernehmen sollte. Baudewig und Jacobsen verstanden sich gut. Sie fuhren nun schon eine zeitlang auf dem Ewer, den Baudewig von seinem Vater ererbte. Es waren keine großen Fahrten. Mal ging es nach Tammensiel, Jungvieh nach Pellworm zu bringen, oder von Husum Petroleum zu holen. Sie versorgten die Halligen im Herbst mit Wintervorräten und schafften von und nach Nordstrand, was immer an Fracht zu befördern war. Sie plagten sich ab mit Ebbe und Flut, ankerten häufig im Dwarsloch, hatten viel Zeit miteinander zu reden und kamen für einheimische Verhältnisse weit herum. Sie gingen so gut wie nie ein Risiko ein, denn ihr Geschäft war einträglich genug. Man war damals von diesen so zuverlässigen Schiffern im Meer der Gezeiten abhängig. Es gab noch keine großen Dampfschiffsreedereien und ausgebaggerte, tideunabhängige Fahrrinnen. Sie hatten, von wenigen Konkurrenten abgesehen, eine Monopolstellung wie sie heute die Fährdampfer immer noch haben. Natürlich hatten sie gegen manches Unwetter angehen müssen, manche Unbill im Strom der Gezeiten erfahren müssen. Im Mai hatten sie in England festgemacht. Sie waren mit günstigem Ostwind und auflaufender Flut glücklich gelandet. Drei Schiffe lagen im Hafen. Das von Siegfried Feddersen fehlte. Dieser Schiffer hatte sich zum Kapitän gemausert. Seit 1867 dirigierte er das erste Dampfschiff auf der Fährroute nach Husum. Nachdem sie klarschiff gemacht hatten, gingen Baudewig und Jacobsen in den nahe gelegenen Krug, wo sie mit großem Hallo und freudiger Erwartung begrüßt wurden. Eine Handvoll Männer saßen um einen runden Tisch. Der Bauer Peter Georg führte an diesem Nachmittag ein lautes Wort. Friedrich Hansen, einer aus der Zunft der Schiffer, und der Fuhrmann Peter Petersen, genannt Peter Fohrmann, waren mit von der Partie. Man unterhielt sich über das Unglück, das sich Tage vorher auf dem Korbbakensand nach der Hallig

Südfall zugetragen hatte. Der Halligbauer war auf dem Rückweg von Nordstrand mit Frau und Kindern, mit Pferd und Wagen vom festen Sand abge-
kommen. Das Gespann wurde von der Flut erfaßt. Der Bauer konnte gerade
noch die Pferde ausspannen, als die Wogen ihn und seine Familie wegrissen. Sie
sind alle ertrunken. Nur die Pferde fanden instinktiv den Weg zurück nach
Nordstrand, wo man sie am nächsten Tage am Deich ruhig grasend fand. Im
Heverstrom lag der Zollkreuzer vor Anker. Er hatte vorschriftsmäßig bei einbre-
chender Dunkelheit die Ankerlaterne gesetzt, was die Unglücklichen versehentlich für das Licht ihrer Halligwarft gehalten hatten. [9]) Dieser Vorfall bewegte
die Gemüter an der Küste und es war nicht verwunderlich, daß in den Gastwirt-
schaften allenthalben davon die Rede war. Runde für Runde kam dampfender
Punsch auf den Tisch. Die Nasen begannen zu schwitzen. Kahlköpfige Schädel
stierten sich an. In mancher mit Schwielen überzogenen, blauadrigen Hand
zuckte es. Als die letzten dieser Runde am späten Abend, Peter Georg und Paul
Jacobsen, auseinandergingen setzte Paul Jacobsen seine Füße nicht mehr auf
schwimmende Planken, sondern schritt seinem Anwesen auf dem Deich entge-
gen.

Lith-Kirche untergegangen 1634

# Der Archimedes von Nordstrand

Auf der Suche nach Erinnerungen der Vergangenheit entdeckte ich im Spiegel von zerstreuten Scherben ein Manuskript von Bernhard Dose. Wer war dieser Mann, dem gelang, was den alten Griechen nicht gelungen war, und den man den „Archimedes von Nordstrand" nannte?

Bernhard Dose konstruierte eine Konstanten-Proportion, die es ermöglicht, auf die einfachste Weise eine Kreisfläche in ein gleich großes Quadrat zu verwandeln. Mit der Dosenschen Dezimalbruchtreppe ist es möglich, jeden Dezimalbruch ungeachtet seiner Stellenzahl sowie jede Quadrat- und jede Kubikwurzel aus einer ganzen Zahl geometrisch darzustellen. Seine Versuche, in einen Kreis ein regelmäßiges Siebeneck zu zeichnen, fand akademische Beachtung und ist in die Mathematik als „Näherungskonstruktionen für die Seite des regelmäßigen Siebenecks" eingegangen. Die Zahl Phi konnte Bernhard Dose jederzeit mit achtzig Stellen nach dem Komma aus dem Kopf aufsagen. Auch mit der Astronomie hatte sich dieser Mann befaßt und Berechnungen für Kometenlaufbahnen ausgeführt.

Bernhard Dose blieb keine bemerkenswerte Erscheinung zu seiner Zeit. Er blieb das, was er war: Volksschüler, Schlosser und Autodidakt, ein Sohn des Landes, der aus seinem Inneren lebte. Er war kein Deichgraf. Er hat nie einen Koog gewonnen und vermutlich nie ein Pferd besessen. Er wurde nie ausgezeichnet für seine Entdeckung. Er fand keine wissenschaftliche Anerkennung und wurde nicht mit Ehrungen überschüttet. Bernhard Dose, am 3. Oktober 1884 auf Nordstrand geboren, schwärmte ein Leben lang von der weiten Welt, vom technischen Fortschritt im Maschinenwesen. Er verblüffte Laien und Fachwelt seiner mathematischen Fähigkeit wegen und fuhr doch den größten Teil seines Lebens als Maschinist auf einem Fährdampfer. Der Mann war kein Grübler und kein Träumer. Bescheiden genoß er den Ruhm des Wundermannes, den ihm seine Landsleute entgegenbrachten. Nichts erinnert mehr an ihn, außer ein paar Schriften. Seine Heimatgemeinde hat ihm kein Denkmal gesetzt und gestorben ist er schließlich am 25. Januar 1965 in Husum.

Er kam, wie so viele andere auch, in seinem ganzen Leben nicht von seiner Heimatinsel los. Bernhard Dose erlebte wie kein anderer die technische Revolution auf Nordstrand. Er registrierte, sortierte und notierte alles fein säuberlich. So liest man in seinen Schriften von der Postbeförderung, die bis 1867 durch ein Segelboot von und nach Husum befördert wurde. Ein einspänniger Wagen stellte die Verbindung über Vorland und Watt bis zur tiefen Kante her, wo dann die Post ein- oder ausgeladen und per Schiebkarre weiterverfrachtet wurde. Als 1867 die erste Fährverbindung von Nordstrand nach Husum eingerichtet wurde, war es nur ein Dampfer von 22 Metern Länge. Die Indienststellung aber war für die Nordstrander ein großes Ereignis, welches festlich begangen wurde.

Mühle Süderhafen

Es kam viel Geld auf die Insel und 1880 die erste Dampfdreschmaschine. 1889 baute man eine Dampfmolkerei und 1891 sogar eine Dampfziegelei, die über drei Generationen produzierte. Per Schiff brachte man die Kohle zum Brennen und per Schiff wurden die Erzeugnisse in alle Welt versandt. Die Nordstrander Dampfziegelei stieß zu ihren besten Zeiten täglich 30.000 Steine aus. Das entsprach einer Jahresproduktion von 3 bis 3,5 Millionen Steinen. Das Werk wurde schließlich deshalb stillgelegt, weil der Boden zu knapp und zu teuer geworden war.

1889 wurde auch ein neuer Dampfer in Dienst genommen, da der alte den Anforderungen nicht mehr gewachsen war. Die landwirtschaftlichen Produkte wurden in den Gründerjahren des Deutschen Reiches gut bezahlt. Es kamen Dampfmobile und Staubmühlen auf die Insel. Zuerst die Dampfmaschinen und später der elektrische Strom, das war der Tod der Windmühlen, die jahrhundertelang gleich den Kirchen auffällig das Landschaftsbild prägten. Für die Seefahrer waren sie wichtige navigatorische Anhaltspunkte, denn Leuchttürme gab es noch nicht. Sie waren Abschieds- und Willkommensgruß zugleich. Es gibt nur wenige Windmühlen noch in diesem Lande und Korn mahlen können sie auch nicht mehr. Aber Kulturdenkmäler sind sie alle.

Bernhard Dose, der Mann der mit der Zeit ging, fühlte sich aber auch der Vergangenheit verpflichtet. Als 1920 damit begonnen wurde, die Pohnshallig zu bedeichen, fand man beim Ausschachten der neuen Schleuse Totengebeine. Hier stand die alte Lith-Kirche, die 1634 unterging. In die Schleuse mauerte man das historische Abbild der alten Kirche und ein neuer Grabstein ziert die Inschrift: „Neues Leben blüht aus den Ruinen".

Als im Sommer 1988 Maurice Monnerat aus Orleans in Frankreich vor dem „Haus auf dem Deich" aus dem Auto stieg, erinnerte sich dieser Mann seiner jungen Jahre als Kriegsgefangener auf Nordstrand von 1940 bis 1945. 19jährig war er in deutsche Kriegsgefangenschaft geraten und arbeitete fünf Jahre als „Prisonnier de Guerre" bei deutschen Bauern auf Nordstrand. Emma Domeyer, damals Hausfrau in diesem Haus, hatte ihm die Wäsche gewaschen. Der alte Mann erinnerte sich mit sichtlichem Wohlbefinden an die Zeit, die für ihn wohl entscheidend war über Leben und Tod.

Auf Nordstrand war er, wie viele vor ihm, weit vom Schuß. Aber er erinnerte sich auch der Bauern, für die er arbeiten mußte ohne Lohn und nur für den Preis, das tägliche Leben zu haben. Bernhard Dose schreibt in seinen Lebenserinnerungen: „Als 1870 der Krieg mit Frankreich ausbrach, wurden die dienstpflichtigen Nordstrander auch eingezogen. Sie kehrten bis auf einen alle zurück. Nach diesem Krieg fing für die Landwirtschaft eine gute Zeit an. Ihre Produkte kamen hoch im Preis. Die Bauern wurden wohlhabend. Es fing eine Zeit des schwelgerigen Lebens an. Dauernd sah man die Jagdwagen und Pheitons der Bauern vor den Wirtshäusern halten. Dazu kam noch ein gewisser Stolz und sahen die Hofbesitzer geringschätzig auf ihre Arbeiter und auf den Handwerker herab. Viele von den Bauern verschwendeten ihr Hab und Gut." [10])

Bernhard Dose, der aufmerksame Beobachter seiner Zeit kannte das Haus auf dem Deich. Er kannte auch das Armenhaus auf Nordstrand. Es ist das große Strohdachhaus mit Giebel nahe dem Westerdeich im Alten Koog gelegen. Vor 100 Jahren saßen hier noch die Alumnen in. Es waren Menschen, die einen schweren Weg gingen, um überhaupt zu überleben. Das Armenhaus war ein Produkt damaliger sozialer und gesellschaftlicher Strukturen. Die meisten Familien befanden sich in einem völligen Abhängigkeitsverhältnis zu ihrem Arbeitgeber, diese waren fast ausschließlich Bauern. Da Nordstrand zu der Zeit noch nicht landfest war, konnte eine Arbeit auf dem Festland nicht angenommen werden.

Ganz schlimm aber wurde es, wenn der Familienvater erkrankte oder starb. Die Kinder wurden dann durchweg beim Bauern „verdungen". Für viele Familien war der letzte Weg ein bitterer Gang in das Armenhaus. Im Armenhaus wurden nicht nur Menschen untergebracht, sondern die Anstalt mußte auch nach außen tätig werden. Lebensmittel und Kleidungsstücke wurden hier verteilt. Die Bewilligung hierfür wurde vom Staller und später vom Bürgermeister erteilt. Die Gegenstände bestanden in der Hauptsache aus Kartoffeln, Roggen, Pudelmützen, Strümpfen, Holzschuhen und Klotzen. In einem Protokoll aus dem Jahre 1885 heißt es: „Jeder Bittsteller hat seine Bitte dem Bürgermeister selbst vorzutragen, soweit er noch gehfähig ist."

Aufschlußreich sind auch die im Armenhaus gemachten Aufzeichnungen. Menschenschicksale sind hier in Zahlen abgerundet. Ebenso buchführungsmäßig sind die Kosten für Geburt und Tod, wie über Kartoffeln, Holzschuhe, Brei und Warmbier festgehalten. Welche Arbeiten mußten die Alumnen in dieser Anstalt verrichten? Alt und jung wurden auf vielerlei Art beschäftigt. Alle mußten mitverdienen. Es herrschte eine harte Disziplin. So konnte man vor 100 Jahren ein Paar Strümpfe stricken lassen für 6 Pfennige. Körbe und Matten aller Art wurden hergestellt. Ein Tragkorb mit Bügel kostete 50 Pfennige. Der Preis für einen Torfkorb lag bei 40 Pfennigen. Neben Flickarbeiten und Herstellung von neuen Pflug- und Schnürschuhen wurden hauptsächlich Holzschuhe und Klotzen gefertigt. 1889 wurden hier acht Sack Erbsen sortiert, also die guten von

den schlechten getrennt. Man stelle sich einmal die Zahl der anzufassenden Erbsen vor!

Eine Geschichtsbetrachtung Nordstrands ohne die mit dem Armenhaus verbundenen Umstände ist unvollkommen, sie gehört nicht zu den Ruhmesblättern. Es ist ein Stück bewegte und lebensnahe Geschichte. Welche Einstellung die Inselregenten zu den Alumnen hatten, macht eine Aufzeichnung Ernst von Bertouchs über eine Sitzung der Hauptpartizipanten in der Mitte des vorigen Jahrhunderts deutlich: „Ferner hat der Lehrer darüber Klage geführt, daß die im Armenhaus erzogenen Kinder sehr unregelmäßig die Schule besuchten, und daß der Armenhausmeister auf Befragen den Schulweg für unpassabel erklärte. Es müßten wenigstens zwei Stege gelegt werden. Bei der Beratung protestierte Munkel aufs eifrigste gegen die dadurch verursachte Ausgabe und meinte, es käme ja gar nicht darauf an, ob die Kinder aus dem Armenhause etwas mehr oder weniger lernten. Sie kosteten der Kommune so schon genug. Hiermit sind alle einverstanden. Die Beschwerde wird daher als unbegründet zurückgewiesen."

1881 belief sich der Wochenpreis pro Kopf auf 2,72 Mark und vor 80 Jahren auf 3,53 Mark. „Nordstrand, eine Insel wo Milch und Honig floß," war eben nur eine Seite. Eine andere war jene, die mit dem Armenhaus verbunden war. Und die war hart und karg.

## Windschief auf dem Deich

Um die Jahreswende 1982/83 und bis in den Februar hinein stürmte es naselang an Nordfrieslands Küste. Doch Windrichtung und Tidenhub waren günstig. Auf Nordstrand wurden keine Schäden gemeldet. Fast alle Deiche waren in den letzten Jahren verstärkt und erhöht worden. Die von mir gepflanzten Bäume hatten es schwer, Fuß zu fassen. Die Fernsehantenne wurde ein Opfer des Windes. Nordstrand rückte in den Mittelpunkt des öffentlichen Interesses. Das Eindeichungsprojekt „Nordstrander Bucht" nahm seinen Beginn. Im Elisabeth-Sophien-Koog wurde schon im letzten Sommer eine neue Deichrampe gebaut. Die Gemeinde erhielt hohen Besuch von Mitgliedern des Bundestages. Der Ministerpräsident überzeugte sich an Ort und Stelle von den Planungen. Das Pro und Contra: Hier „De nich will dieken, de mut wieken" und dort „Keine Eingriffe in das Wattenmeer" kennzeichneten neue Gegensätze. Es war unruhig geworden hinter den Deichen.

Wie sah es zu Zeiten eines Paul Jacobsen aus? Er kaufte sich einen Webstuhl und verdiente sich den Rest seiner Tage mit Weben. Die Leute sprachen jetzt vom „Weberhaus". Die Geschäfte gingen mehr schlecht als recht. Aber Paul Jacobsen war zufrieden. Als Proletarier in diesen Zeiten hatte er immerhin ein eigenes Haus. Um das Haus um 30 Fuß und den Schafstall um 14 Fuß zu erweitern, ließ er sich zeitweise als Arbeiter bei den „Nordstrander Kolonnen" einschreiben. Um die Jahrhundertwende machten die „Nordstrander Kolonnen" Deichbaugeschichte, indem sie als Gemeinschaftsarbeit ganze Deichstrecken annahmen und sich auch hierfür bezahlen ließen, eine Art Arbeiterselbstverwaltung. Die „Nordstrander Kolonnen" waren für ihre gute Arbeit bekannt und geschätzt an der Küste und anderswo. Es blieb den heimattreuen, nichts besitzenden kleinen Leuten auf Nordstrand, im Zuge der rasanten industriellen Umwälzung im Kapitalismus der frühen Jahre unseres Jahrhunderts und der „Ellenbogengesellschaft" trotz „Kaiserlicher Botschaft" nicht viel übrig. Arbeiter- und Friesenstolz verboten es schon damals, sich von den Bauern ausnutzen zu lassen. Diese waren im Grunde nicht viel besser dran, denn das, was sie besaßen war dem Meer abgerungen und konnte schnell genug wieder verloren gehen. Sie wurden von kleinen Ausnahmen bei Trink- und Spielleidenschaft dann auch nicht übermütig. Insoweit war man sich einig und ist es heute noch. Es ist bedauerlich, daß Karl Marx nie friesische Eigenart kennengelernt hatte. Seine, die Welt bewegende Theorie vom Kampf der Klassen wäre viel realistischer ausgefallen, hätte er gewußt von dem Kampf von Menschen unterschiedlichen Herkommens und Wissens, um die gemeinsame Sache „Trutz Blanke Hans". Strukturschwäche, regionale Benachteiligung, Standortferne, Begriffe aus dem Vokabular schleswig-holsteinischer Landespolitiker, klingen deshalb auch hohl in vielen nordfriesischen Ohren. Man wird daran gemessen, was man tut. Laute Reden sind zunächst so viel wert wie ein Stint.

Sie sind dann eher auch ausgewandert; nach Amerika, über die Geest hinweg, in den 50er Jahren dieses Jahrhunderts sogar in den Ruhrpott. Friese zu sein, was ist das? Es ist sicherlich nicht das Bild, welches die Fremdenverkehrswirtschaft unserer Tage von den Menschen an der Küste zeichnet. Sie sind nicht so rauh, wie sie häufig dargestellt werden, auch nicht so wortkarg. Im Grunde haben alle das gemeinsame Bedürfnis nach schlichtem und gediegenem Wohlstand. Prunk und Pomp liegen ihnen fern. Sie lieben ihr Land, ihre Häuser und sind allesamt hervorragende Rechner. Dank des Fremdenverkehrs fließt heute manche zusätzliche Mark in die Haushalte, läßt die alten Klassengegensätze verwischen, hält trotz hoher Arbeitslosenquote die Leute im Lande. Aber der Tourismus hat auch seine Schattenseiten. Immer mehr häßliche Betonburgen entstanden entlang der Küste, fremdenverkehrliche Zweckbauten. Abschreibungsobjekte gut Verdienender. Manche Gemeinde hat ihre liebe Not damit. Schon ist von Überfremdung die Rede. Viele Häuser werden von Auswärtigen aufgekauft als Zweitwohnungen oder Altersruhesitz. Auf Nordstrand liegen sich die beiden Gemeinden immer noch in den Haaren.

Schon am 3. Mai 1825 unternahm der damalige Nordstrander Staller Christiansen einen Vorstoß zur Beseitigung des Elisabeth-Sophien-Kooges. In diesem Antrag wurde darauf hingewiesen, daß die Deichlasen für den Elisabeth-Sophien-Koog einerseits und dem übrigen Nordstrand andererseits unterschiedlich, und zwar für den Elisabeth-Sophien-Koog niedriger, als für Nordstrander Gebiet seien. Berechnet wurden 110 gegen 20 Reichstaler. Der Vorstoß blieb damals erfolglos. Am 14. Januar 1895 beantragte die Gemeinde Nordstrand beim Kreis Husum den Zusammenschluß mit dem Elisabeth-Sophien-Koog. 1866 war der Morsumkoog, das sogenannte Spätland, welches zum Koog gehörte, eingedeicht worden. Die Gemeindekasse des Elisabeth-Sophien-Koogs ist prall gefüllt. Ein großer Teil der Ländereien wurde deshalb auch vom Koog aufgekauft. Man tat dies in erster Linie aus Entwässerungsgründen, denn man wollte vom Engländer Priel nicht abgeschnitten werden. Aber es wird auch die Wertsteigerung des Landes, erst einmal unter den Pflug genommen, keine geringe Rolle im bäuerlichen Denken gespielt haben. Nordstrand begründete seinpf gestellt seien und gütliche Vereinbarungen hinsichtlich des Deich-, Wege- und Schulwesens nicht zu erreichen seien. Ohne Zweifel : Hinter diesem Antrag stand der alte Klassenhaß. Die Koogswirtschaft wurde immer blühender, die Hofgebäude immer größer. Dagegen mußte Nordstrand für die Armenkasse nicht unerhebliche Summen aufwenden. Eine Vielzahl der Leute waren nicht oder nur unstetig beschäftigt. Die Bevölkerung überalteter. Junge Leute gingen außer Landes. Es fehlte an Arbeitsplätzen. Eine Pendlermöglichkeit, wie sie heute durch den Damm möglich ist, bestand damals noch nicht.

Der Elisabeth-Sophien-Koog berief sich auf seine Vergangenheit, führte aus, nicht zu Nordstrand zu gehören und Teil des ehemaligen Desmercierschen Fideikommiß, jetzt Fürstlich Reußischer Fideikommiß zu sein.

Streit lag in der Luft. Der Kreis Husum zog sich geschickt aus der Affäre. Er beschloß, nicht zu beschließen. Die Sache brodelte weiter. Erst 1902 kam es zu einer für die beiden Seiten annehmbaren Vereinbarung. Die Sache war aber nicht zu Ende.

1906 entstand die erste Dammverbindung zum Festland. Jetzt konnten Waren und Güter per Lore transportiert werden. Eine feste Straßenverbindung gab es noch nicht.

Dann brach der erste Weltkrieg aus.

Anfang Oktober 1914, zwei Monate nach Kriegserklärung, verlor die Kaiserliche Marine einen Kreuzer aufgrund eigenen Verschuldens. SMS „York" lief beim Einlaufen nach Wilhelmshaven in ein Minensperrgebiet und explodierte vor der eigenen Haustür. Das Schiff drehte sich sofort auf die Seite, kam kieloberst zu liegen. Von den etwa 900 Mann Besatzung kamen 500 ums Leben. Tagelang fischten Vorposten-, Sperr- und Blockadeboote die mit Ebbe und Flut hin und her treibenden Leichen. Später setzte eine starke Nord-Nordost-Strömung ein und trieb die toten Körper bis nach Schleswig-Holstein. Auf Süderoogsand, auf Pellworm und anderswo landeten die vom Wasser ausgelaugten, zur Ungestalt deformierten Körper an. Die Strandvogteien hatten alle Hände voll zu tun, die Leichen zu bergen, und die Gendarmen mußten mehr als einmal auf die Husumer Militärkommandantur, die Toten zu identifizieren soweit dies noch möglich war. Es war eine schmutzige, wahrlich keine heldenhafte Tätigkeit. Die Küste hatte Gesprächsstoff in Hülle und Fülle. In stummer, wenngleich auch grimmiger Anteilnahme bestattete man die Namenlosen auf dem Friedhof der Heimatlosen, westlich der Alten Kirche auf Pellworm. Zu allem Unglück war auch der Nordstrander Ingwer Ingwersen dabei. Man fand in den Taschen seines Marinecolanie eine Uhr, die zweifelsfrei ihm zur Konfirmation 1901 von seinem Onkel Paul Jacobsen geschenkt worden war, wie die Gravur verriet. Ingwer Ingwersen hatte zur Besatzung des Kreuzers „York" gehört. Er hatte im Tod, im Strom der Gezeiten, fast den Weg nach Hause gefunden.

Ein Raunen ging mitten durch die Insulaner. Was war das für ein Omen, daß der Tote vom fernen Wilhelmshaven den Weg an die heimatliche Küste fand? Immer häufiger kamen die Schreckensmeldungen von gefallenen Angehörigen. In die kleine Inselbevölkerung, die Not, Tod und Verderben nur allzu gut kannte, rissen die Lücken klaffende Wunden. Man war weit davon entfernt, mit vaterländischem Patriotismus darüber hinweg zu gehen. Manch eine Kuh mußte durch einen Fußtritt in die Flanke stehenden Fußes vom Tode des Hoferben erfahren, angesichts solcher Nachrichten, die auch kühle Friesenart zu ohnmächtigem Zorn steigerte. Und manche altersgraue Mutter verlor ihren Sohn, der ihr im Alter Stütze und Hilfe sein sollte. Im friesischen Familien- und Sippendenken war wenig Platz für solche Art von Hiobsbotschaften. „Seefahrt tut not" und „op See gebleewen", dafür hatte man schon eher Verständnis, nicht aber für die zermürbenden Stellungsschlachten, die sich die Regierenden Europas lieferten.

Es hatte in der Geschichte Nordfrieslands mancherlei Raufhändel gegeben, die nicht selten mit Mord und Totschlag endeten. Man hatte Seeräuber und schwedische Überfälle gekannt. Man litt unter Napoleons Englandblockade, doch nie war man so einschlägig in einen Krieg verwickelt gewesen, der Nordfrieslands Söhnen und Vätern befahl, für Kaiser, Volk und Vaterland zu sterben. Davon war selbst Dänemark in seinen Großmachtszeiten weit entfernt gewesen. An den heimischen Herden wurde wenig Verständnis für deutsche Großmannssucht und preußisches Heldentum gezeigt.

Auf dem „Weberhaus" liegt kein Segen mehr, flüsterten die Leute einander zu, als Ingwer Ingwersen seine Grabesruhe fand. War er nicht so etwas wie ein Wiedergänger, ein Mahner für eine unsinnige Sache? Die Gerüchteküche im Volksmund wollte und wollte nicht verstummen, denn vieles sprach dafür. Der älteste Sohn Peter von Paul Jacobsen ging schon frühzeitig nach Amerika. Der

Sohn Friedrich wurde Gemüsehändler in Husum, sein jüngerer Bruder Johannes folgte ihm dahin als Müller. Niemand der Söhne wollte das einsam gelegene Erbe der Eltern übernehmen als zuerst die Mutter und 1910 der Vater starben.

Ingwer Ingwersen war als lediges Kind einer Schwester von Paul Jacobsen in die Familie gekommen. Der Onkel mochte den Neffen, der mehr konnte als nur Schafe hüten. Ihn aber ereilte der kaiserliche Befehl zum Dienst in der Marine. Als er 1914 schon fiel, kam das Haus in den Zwang, wie man hierzulande sagt. Weil es niemand mehr bewohnte, verfiel es immer mehr. Zuerst nistete sich ein Steinkauz im Dach ein. Kunstvolle Spinnengewebe aller Arten spannten sich zu bizarren Formen zwischen dem alten Mobiliar. Abgestorbene Blumen welkten auf den Fensterbänken. Feuchtigkeit drang durch das Mauerwerk. Hinter den Tapeten lugte der Putz vergangener Jahrzehnte. Die Wasserpumpe wurde ein Opfer des Frostes und das Wurzelwerk der immer größer werdenden Bäume rissen das Fundament aus seinen Fugen. Für Mäuse, Ratten und Kaninchen waren es ideale Lebensbedingungen. Die Natur holte sich über wild wachsende Fliederbeerbäume mehr zurück, als menschlicher Ordnungssinn sie zu bremsen imstande gewesen wäre. Der Webstuhl von Paul Jacobsen stand verlassen auf seinem Platze. Nur auf der Bodentreppe knackte und knarrte es von Zeit zu Zeit. Ob Nis Puk noch nicht ausgezogen war?

Nach dem Tode von Paul Jacobsen 1910 kam das Grundstück nebst Haus in die Zwangsversteigerung. Es ist merkwürdig, wie dies geschah.

Am 12. Mai 1916 fand vor dem Amtsgericht in Husum der Termin für die Zwangsversteigerung statt, doch niemand wollte das Haus haben. Es erinnerte die Bauern schändlich an ihre Gründerjahre, als ihre Vorfahren einmal klein anfingen und es nicht jeder zu Geld gebracht hatte. Nein, im Elisabeth-Sophien-Koog hatten arme Leute nicht viel zu suchen. Sie wurden allenfalls am Rande geduldet. So ging es dem früheren Nachbarn auch, dem Wirt des „Pharisäer Kruges", dessen Haus auf eine lange Tradition zurückblicken konnte, denn der Schiffer und Bootsführer Hans Anthony hatte dieses Haus 1803 gebaut. Es war ein Fährhaus. Die sehr auf Eigenständigkeit pochenden Koogsleute hatten von dort eine eigene, schnelle und sichere Überfahrt in die Hattstedter Marsch. Und die legendäre Wirtin Anna Maria Nommensen, gewöhnlich Ann Kathrin bezeichnet, hatte den „Pharisäer Krug" bis 1935 in einer Weise geführt, Nordstrand und den Elisabeth-Sophien-Koog weit über die Grenzen Nordfrieslands hinaus bekannt werden zu lassen, als originelles, gästefreundliches Haus. Diese Gastwirtschaft stand im Gemeindeeigentum. In ihr fanden bis 1945 die Gemeindeversammlungen statt. Als das Haus durch Blitzschlag am 17. April 1945 abbrannte, ließ man es liegen wie es war, anstatt das in hervorragender landschaftlicher Lage gelegene Haus wieder aufzubauen und zu erhalten. Es gehört wohl zu den Eigentümlichkeiten von Menschen, daß man sehr schnell vergißt, wie alles seinen Anfang nahm. Auch der „Pharisäer Krug" war einst ein Tagelöhnerhaus. Was wäre dies heute für ein touristisches Kleinod, hätte man damals andere Entscheidungen getroffen. Sicherlich war 1945 keine Zeit dazu, solche Überlegungen anzustellen. Das Gebäude war mit 8,240 Reichsmark versichert. Die britische Militärregierung hatte verboten, Forderungen aus der Zeit vor der Besetzung aus öffentlichen Mitteln zu begleichen. So kam es erst 1949 zu einem Vergleich mit der Brandkasse. Der Versicherungsschaden wurde abgewertet auf jetzt 1,648 Deutsche Mark. Damals wollte man wohl bäuerliche Strukturen in lupenreiner Form bewahren. Zu tief noch saß die Blut- und Bodenpolitik im ehemaligen „Reichsnährstand". Heutzutage muß man dafür einen teuren Preis bezahlen.

1920 stimmte Nordstrand, wie das übrige Nordfriesland auch, für ein Verbleiben im Deutschen Reich. Die Wunden des Krieges begannen zu vernarben. Das Haus auf dem Deich wurde 1916 von Ferdinand Kruse, einem Landwirt im Koog, und dem Auktionator selbst, einem Paul Claußen, ersteigert. 1921 erwarb es der Landwirt Paul Hasselmann für einen Abbruchpreis, baute es aber wieder auf und ließ es als Landarbeiterwohnung herrichten. Bis 1927 wohnte hier die Familie eines Jens Jacob; bis 1930 die eines Hans Ohls. Das Haus blieb was es war: Ein Tagelöhnerhaus. Die Chronik des Elisabeth-Sophien-Koogs geht deshalb auch mit kargen Worten darüber hinweg.

## Die neue Invasion

Die Winterstürme hatten draußen im Vorland eine Seetonne angetrieben. Die Wasserbauwerker bargen sie fachmännisch. In diesen Märztagen kamen die ersten warmen Winde. Sie pfiffen, zerrten und gurgelten um das Haus. Das Land lag wie unter einem Alpdruck. Es wollte Frühling werden. Die Rohrweihe strich über die Gräben. Bussarde machten Jagd auf junge Hasen. Die Brachvögel stolzierten gravitätisch über die junge Saat. Es war Lammzeit. Die Schafshalter hatten Hochbetrieb. Lämmer bedeuten bares Geld. Sie zu hüten und zu beschützen ist oberstes Gebot. Lämmer werden jedes Jahr geboren. Kurgäste können ausbleiben.

1930 wurde ein Wilhelm Paulsen hier seßhaft. Er war Seemann und Taucher, hatte sich mit der Taucherei ein kleines Vermögen verdient. Er sah armdicke Stahltrossen knicken wie Streichhölzer, mußte manches schmutzige Geschäft unter Wasser erledigen und war als Helmtaucher auf einem Steinfischer in der Ostsee ein gefragter Mann. Jetzt war er alt genug geworden, um seine Jahre zählen zu können. Wilhelm Paulsen war immer noch mit dem Leben davongekommen. Er hatte beschlossen, die Taucherei ein für alle Mal aufzugeben. Doch dies war ihm nur wenige Jahre vergönnt.

1933 marschierten wie anderswo die „Braunhemden" in die Marsch ein. Der „Nasenbärtige" verkündete von Berlin aus den neuen Aufschwung. Landgewinnung und Deichbau gewannen mit einem Male nationale Größe und erhielten für die Nordfriesen einen bis dahin nicht gekannten Stellenwert. Die Theorie vom „Volk ohne Raum" fand an der Küste ein nachhaltiges Echo. Das Wattenmeer erlebte eine wahre Invasion großdeutscher Aktivitäten. Maßnahmen der Küstensicherung, die angesichts der Wirtschaftskrise 1928/29 stagnierten, kamen neu in Gang. Jetzt waren es keine profithungrigen Großunternehmer mehr, die neue Deichungen vornahmen, kein Landesfürst zwang die Bauern zu Hand- und Spanndiensten und keine „Nordstrander Kolonnen" mußten sich mühsam verdingen. Mit geschultertem Spaten trat der Reichsarbeitsdienst in Reih und Glied an. Wen wunderte es, daß mancher Nordstrander darüber feuchtglänzende Augen bekam.

Schon vor dem Untergang des Alten Strandes waren Überlegungen angestellt worden, die Insel mit dem Festland zu verbinden.

Nachdem der Morsumkoog 1866 eingedeicht worden war, wuchs viel neues Land an. 1906/07 wurde ein erster hochwasserfreier Damm nach Wobbenbüll gezogen. Der neue Damm durchbrach den Durchstrom der Hever. An beiden Seiten angelegte Lahnungen bewirkten nun einen schnellen Verlandungsprozeß. Als vorläufig letzter Koog wurde die Pohnshallig 1925 eingedeicht. Danach tat sich wegen der wirtschaftlichen Rückschläge im Deutschen Reich auch auf Nordstrand nichts mehr.

Das wurde jetzt alles anders. 1933 begannen rund 650 Arbeiter in 160.000 Tagewerken zwei Jahre lang die heutige Verbindung herzustellen. 650.000 Kubikmeter Boden wurden bewegt. Die Straßenlänge beläuft sich auf 4,35 km. Die Einweihung am 14. Juli 1935 glich einer Siegesfeier. Die Hakenkreuzfahne voran und mit „Deutschem Gruß", hatten die Nationalsozialisten endgültig festen Fuß in den Uthlanden gefaßt.

Der Aufschwung begann tatsächlich. Auch Wilhelm Paulsen konnte sich ihm nicht entziehen. Der Taucher, der sich zur Ruhe setzen wollte, wurde dienstverpflichtet. Die Küste brauchte Steine. Es gab Arbeit in Hülle und Fülle. Steine lagen massenweise auf dem Ostseegrund. Sie zu heben war der geringen Transportkosten wegen eine lohnende Sache. 1938 war er, als das Unglück geschah, auf „Bugsier 28" auf dem „Stollergrund" in der Kieler Bucht im Einsatz, Paulsen dirigierte mit seinen schweren Bleischuhen auf dem Meeresgrund im stickig heißen Taucheranzug die Greifzange des Hebeprahms auf einen Jahrtausend alten Findling, als er stolperte, sich in den Leinen verfing, was oben als das Signal für den Aufzug verstanden wurde. Die schweren eisernen Zangen griffen nicht den Stein, sondern ihn, den Taucher und quetschten ihn so lange, bis er an der Wasserfläche oben angekommen, nur noch als toter Mann geborgen werden konnte.

Der Besitz im Elisabeth-Sophien-Koog ging auf den Steinsetzer Hans Wilhelm Domeyer über, der ihn später seinem Bruder Bahne Johannes Domeyer überließ. Als sich Bahne Domeyer mit seiner Frau Emma und drei Kindern auf dem Deich niederließ, nahm die Küste davon Kenntnis, daß die Kriegsmarine „gegen

England fährt", deutsche Truppen auf Paris marschierten und Polen „fest in deutscher Hand" war. Mit dem Aufschwung kam der Aufwind. Dieser Wind blies aber bald ins deutsche Gesicht. Der Führer brauchte Soldaten, die Männer eilten an die Geschütze. Vergessen waren Küstensicherung, Landgewinnung, Deichbau. Das „Volk ohne Raum" sah seine Chance im Osten. An den Stränden und Deichen wurde es ganz still. Die „KFK", eingezogene, für den Marinehilfsdienst umgebaute Fischkutter, bezogen ihre einsamen Positionen vor den Barren der Seegaten. Vereinzelt trieben Mienen an, allerlei Strandgut verlorengegangener Schiffe; gelegentlich ein Leichnam. Davon abgesehen bot die Küste das Bild, welches Theodor Storm in seinem Gedicht malte:

### Meeresstrand

Ans Haff nun fliegt die Möwe,
und Dämm'rung bricht herein:
Über die feuchten Watten
spiegelt der Abendschein.

Graues Geflügel huschet
neben dem Wasser her:
Wie Träume liegen die Inseln
im Nebel über dem Meer.

Ich höre des gärenden Schlammes
geheimnisvollen Ton,
einsames Vogelrufen -
So war es immer schon.

Noch einmal schauert leise,
und schweiget dann der Wind:
Vernehmlich werden die Stimmen,
die über der Tiefe sind.

Nein, die Uthlande konnte sich während der Kriegsjahre 1939 - 1945 weder über nennenswerte Sturmfluten, noch schlimme Eiswinter beklagen. Gleichwohl konnten sie sich den schrecklichen Nachrichten vom Untergang des Deutschen Reiches nicht entziehen. Zuviel friesisches Blut war auch geflossen für die Sache der Großdeutschen. Und mancher guckte am Ende genauso stoisch gleichmütig wie die Schafe auf dem Deich, als die Engländer als Besatzungsmacht in die Marschen einfuhren. Es mag sein, daß hierzu auch Bahne Domeyer gehörte. Ihm war es gelungen, sich aus allen Kriegsereignissen herauszuhalten. Er betrieb eine kleine Landwirtschaft, hielt eine Kuh, Schweine, Schafe, Geflügel und in den Nachkriegsjahren sogar ein Pferd. Bahne Domeyer war damals schon als Original und Liebhaber von Teepunsch bekannt.

Seine große Zeit begann, als alles daniederlag, ein Heer von Heimatvertriebenen und Flüchtlingen sich nach Schleswig-Holstein ergoß. Bahne Domeyers Handelsbeziehungen waren weitreichend und unter der Hand. Es gibt abenteuerliche Geschichten über seine Schwarzschlachtungen und seine illegale Schnapsbrennerei. In den Hungerzeiten der Nachkriegsjahre war Bahne Domeyer ein gefragter Mann. Stets brachte er oder einer seiner Söhne es fertig, das eine oder andere Stück über den von den Engländern streng kontrollierten Damm auf das Festland zu bringen. Bahne Domeyer war ein gelehriger Mann. Er bekannte sich offen zur Sozialdemokratie, was im Elisabeth-Sophien-Koog damals wie heute mehr als nur eine abweichende Meinung war. Die Bauern im Koog lieben es nicht, wenn jemand eine andere Meinung hat. Das verwässert ihr Bild von der Geschlossenheit, ihrem Selbstbehauptungswillen und paßt schon gar nicht in die Eigenständigkeit, die sie über 200 Jahre haben halten können. Noch etwas hatte Bahne Domeyer in all seinem Nachsinnen hoch oben auf dem Deich gelernt; wenn man sich hier in diesem Koog behaupten will, muß man autark sein, unabhängig von anderen. Nicht, daß er gewußt hätte, was „autark" bedeutet. Er hatte den Begriff irgendwann einmal in der nationalsozialistischen Propaganda gehört. Bahne Domeyer wußte nur zu gut, daß ihm von der hochgepriesenen Koogsgemeinschaft nicht viel Hilfe zuteil werden würde, denn zuviel Leute vor ihm hatten mit diesem Hause oder über seine Lage kapituliert. Er handelte instinktiv: Zum Leben braucht man nicht viel, um aber frei zu sein, muß man unabhängig sein. Diese Unabhängigkeit bedeutete ihm vieles. Sicher, seine Frau Emma stand ihm in den 32 Jahren seines Daseins auf dem Deich treu und hilfreich zur Seite, lange Zeit auch seine Tochter Ida. Seine Gänse zogen in alle Himmelsrichtungen, sehr zum Verdruß der Bauern. Er fing auch Aale in Reusen und nicht selten kam es vor, daß man sich zu einem ausgelassenen Klönschnack bei Punsch und Brataal in seinem Hause traf. Die geselligen Zusammenkünfte spielten sich dann in der kleinen Küche ab, denn viel Platz gab es im Hause nicht. Bahne Domeyer war zwar ein freier, aber auch letztlich armer Mann. Die Unterhaltung an Dach und Fach ließ mehr als nur zu wünschen übrig, wenn man heutige Maßstäbe zugrunde legt.

Von den Halligleuten sagt man hierzulande, daß diese aus jeder Sturmflut Kapital schlagen, seitdem der Staat für die Sicherung der Ländereien und der Häuser aufkommt. Jede Herbstflut ist für sie kostenlose Müllabfuhr, spottet man an der Küste untereinander. Es ist viel Wahres daran, denn die Uthlande hat noch nie eine so vollkaskoversicherte Lebensweise erfahren, wie seit Bestehen der Bundesrepublik Deutschland. Kieler und Bonner Kassen haben immer noch gezahlt, ganz gleich wer auch regiert. Zu Zeiten der Strandräuberei hieß es: „Gott schütze unseren Strand". Auf heutige Verhältnisse umgemünzt: „Gott schütze den Fiskus". Friesenmentalität war auch die des Bahne Domeyer. Als in der Nacht vom 16. auf den 17. Februar 1962 ein Orkan ganz Europa heimsuchte und Hamburg unter Wasser stand, auf Nordstrand nur mit allergrößter Mühe die Deiche gehalten werden konnten, flog auch das Stalldach von Bahne Domeyer weg. Es war ein Versicherungsschaden bester Ordnung. Ich profitiere heute noch davon.

Die Schreckensflut vom 3. Januar 1976, die die ganze Westküste überfiel, erlebte Bahne Domeyer nicht mehr. Der Elisabeth-Sophien-Koog war am meisten gefährdet. Die Bewohner wurden teilevakuiert. Zwei Drittel aller Nordstrander Deiche wurden überspült. Viele Leute brachten das Lebensnotwendigste auf ihre Dachböden, bereit bis zur allerletzten Stunde auszuharren. Der einzige auf der Insel stationierte Kutter riß sich los und ging unter. Nordstrand kam einigermaßen glimpflich davon. Es war die höchste Flut, die je gemessen worden war. Doch schon 17 Tage später, am 21. Januar 1976, folgte eine weitere Flut, die nur um 40 cm niedriger war.

Die Witwe Emma Domeyer, geb. Hansen, starb 1975. Sie war eine bescheidene Frau und hatte, wie viele andere Frauen auch, kein leichtes Los. Sie standen allein, wenn die Männer auswärts arbeiteten, dann oblag ihnen die Sorge für Haus und Hof bei meist kümmerlichen Einkünften. Wen wunderte es, daß emanzipatorische Frauenbewegungen und falsch verstandene Rollenverhältnisse in nordfriesischen Familien weitgehend unbekannte Begriffe sind. Drei Enkelkinder sind in diesem kleinen Hause aufgewachsen.

Nach dem Tode von Emma Domeyer wurden sich die Kinder um den elterlichen Besitz nicht einig. Schließlich wurde das Haus an die Hamburger Gerd Grüsser und Henning Möller verkauft, die es als Wochenend- und Ferienhaus benutzten.

Seit den 70er Jahren erlebten die Uthlande eine neue phänomenale Invasion, die der Touristen. Das Geschäft mit den Fremden blüht und bekommt dem Land doch nicht so gut, wie man meinen sollte. Der Stellenwert des Fremdenverkehrs hat im Bewußtsein eines rechnenden Friesen einen breiten Raum eingenommen. Nehmen wir die Insel Sylt. Ihr Untergang ist programmiert. Aber nicht wie einst Rungholt im Meer versank, sondern weil das Augenmaß verloren gegangen ist. Uns und nachkommenden Generationen wird am Beispiel Sylt deutlich gemacht, wie wir uns mit unserem modernen Leben selbst zugrunde richten. Wo ist denn das einstige pastellfarbene Charakteristische der Insel und die wehmütige Weite, die den Zauber überhaupt ausmachten? Sylt zum unüberbotenen Schrittmacher unserer Zeit geworden. Möge es dem übrigen Nordfriesland erspart bleiben, eine solche Vermarktung in Sachen Fremdenverkehr durchzumachen. Und doch sind überall Anzeichen einer solchen Entwicklung erkennbar. Gewiß ist das Bewußtsein in den letzten Jahren ein anderes geworden. Fremdenverkehr ja, aber nicht um jeden Preis.

Welche liebe Not mußte Preußen mit seiner perfekten Gesetzgebungsmaschinerie gehabt haben, den Insulanern das Sammeln von Vogeleiern, das Weiden von Schafen und Kühen in Dünengebieten zu verbieten und die ersten Vogelfreistätten zu verordnen. Das alles waren über Jahrhunderte und aus der Not geborene Gewohnheitsrechte, welche mit einem Male keine Geltung mehr haben sollten. Erst der Fremdenverkehr als erfolgreiche und sichere Einnahmequelle machte einem solchen Tun ein Ende. Aber die Leute haben es auch mit ihren Gewohnheiten. Herumbalgen und Zechgelage wurden auch nur deshalb seltener, weil man sich vor den Fremden nicht schämen wollte. Für die Landesregierung gibt es kein größeres Problem als die Uthlande. Jedes Gesetz, jede Verordnung, die auch nur geringstenfalls alte, angestammte Rechte einschränken könnte, wird sofort und stehenden Fußes abgelehnt. Das fängt bei der Bejagung von Seehunden und Ringelgänsen an, geht über den freien Fisch- und Muschelfang weiter, und heute spalten sich die Geister über der Einrichtung eines „Nationalparks Schleswig-Holsteinisches Wattenmeer".

Es hat sich viel geändert hinter den Deichen, seit dem der bundesdeutsche Wohlstand Einzug gehalten hatte. Zwar gehen die Kinder immer noch mit dem Rummelpott am Altjahresabend und auch die Frau, als Verwalterin und Hüterin des Hauses, kommt heute über Husum hinaus in eine andere Welt als die, in der sie geboren wurde. Scheidungen werden immer häufiger, eine Unzufriedenheit keimt. Man hat einen Nachholbedarf und spricht von Lebensqualität, etwas was geradezu die Fremden in diesem Lande suchen. Viele junge Leute wandern ab, finden keinen Ausbildungsplatz, keine angemessene Berufsstellung. Die Chancengleichheit im Bildungswesen wirkt sich paradoxerweise gerade und besonders auf diese Region mehr als nur nachteilig aus. Dafür kommen die Fremden, kaufen alte Häuser auf, renovieren sie liebevoll und richten sich ein in Ferien- und Freizeitdomizilen. Nordstrand ist da noch gut dran. Der Damm zum Festland erwies sich mehr als nur segensreich. Das Problem des Trinkwassers hatte damit endgültig ein Ende gefunden. Jetzt kommt es aus allen Hähnen, während früher Regenwasser mühsam in Tonnen und Gruben gehältert werden mußte. Längst hat der Kienspan seine Rolle gespielt. Viele Tüchtige, die sich nicht in die Lohnabhängigkeit von Bauern und kleinen Unternehmen stellen wollten, arbeiten auf der Geest. Husum ist zu einem leicht erreichbaren geschäftlichen und kulturellen Mittelpunkt geworden. Immer noch ist die Arbeitslosenquote höher als anderswo. Viele erwerbsfähige Männer müssen sich saisonbedingt beim Fiskus über Wasser halten. Das sind die unstetig Beschäftigten, die sommertags Vorland- und Halligsicherungsmaßnahmen durchführen. Die heutigen Wasserbauwerker sind die Nachfahren der einstigen „Nordstrander Kolonnen". Gewiß blüht auch hier ein bescheidener Wohlstand wie zu Zeiten der Rapsblüte.

Manche Wirklichkeit sieht aber auch anders aus. Es hat im Grunde genommen nie eine romantische Insel- und Halligwelt gegeben, von der zu träumen mancher erlegen ist. Der Fremde sieht meistens nur die blanken Watten während des Sommers, die wechselnden und stimmungsvollen Himmelsfarben einer einzigartigen Landschaft. Er verfolgt mit den Augen das Ziehen der weißen Segel von Yachten und die Fährten der Schiffe, auf den Horizont geklemmt. Er genießt das bunte Treiben in den Häfen. Im Winter aber, wenn die Dunkelheit kein Ende nehmen will, beginnt es wieder zu rumoren. Fremdenverkehrliche Infrastruktur, sozialdemokratischer Fortschrittsglaube und konservativer Machtanspruch liefern sich nun schon lange einen kommunalen hausgemachten Inselstreit, der mehr hemmt als förderlich ist. Da haben es die drei Pastoren heute viel besser. Niemand wird mehr an Leib und Leben bedroht. Im Zeichen der Ökumene bilden sie geradezu ein Syndikat auf Gegenseitigkeit. Es ist schon bewundernswert, wie es der Nordstrander Priesterschaft gelungen ist, nach langer Gegnerschaft zu dem zu finden, was unsere Zeit so nötig hat; die Sorge um den Frieden und um die Zukunft uns nachfolgender Generationen. Es zeugt auch von der großen Kraft, die von der Kirche ausgehen kann.

## Eine Seele wandert durch eine Allee ohne Bäume

Wieder wurde es Sommer, ein Sommer, der von Regen und Kälte bestimmt war, der die Urlauber bleich und die Tomaten knackig grün ließ. Ich hatte von einer Reise in den Süden eine leuchtend rote Weinranke mitgebracht und sie in eine helle, hohe Vase gestellt. Die Eindeichung der Nordstrander Bucht wurde planmäßig fortgesetzt. Die Landwirtschaftspolitik brachte Regierung und Bauern einander nicht näher. Gegen den Willen der Mehrheit der Nordfriesen wurde ein Gesetzentwurf über einen „Nationalpark Schleswig-Holsteinisches Wattenmeer" der Öffentlichkeit vorgestellt. Der schlug ein wie eine Bombe. Ein 50 Tonnen schwerer Wal hatte sich im Wattenmeer verirrt. Bei Tonne 23 in der Norderhever endete die Visite für den Meeresriesen tödlich.
Die schon seit langem beobachtete weltweite Verschmutzung der Meere ist um eine neue, gefährliche Variante erweitert worden. Es sind nicht mehr die schicksalshaften Sturmfluten, die das Land heimsuchten. Jetzt ist es Gift und eine schleichende Ölpest, die Fische, Vögel und Robben sterben läßt. Menschliche Technologie scheint vor nichts mehr zurückzuschrecken. Von Jahr zu Jahr mehr bedienen sich die Bauern der Errungenschaften der chemischen Forschung. Ihr Wachstumsgedanke beruht nur sehr indirekt auf den Grundlagen volkswirtschaftlicher Lehren. Die Herbizide und andere chemische Mittel haben Eingang gefunden in die Alltagswelt der Landwirtschaft. Vernichtung von Unkräutern durch Auslösen ungehemmten Wachstums, nennen sie es. Wohin soll denn eines Tages dieses Wachstum führen, wenn am Ende sich ein Tod betulich einnistet? An Mahnern und Warnern, die zum Umdenken und zur Umkehr aufrufen, fehlt es gewiß nicht. Doch werden sie im Grunde nicht in aller Welt belächelt?

Die alten Strandinger gingen unter, weil sie in ihrer Hochmütigkeit glaubten, das Meer bezwungen zu haben. Viele Niederländer verloren ihr Hab und Gut, auch der Überschätzung eigener Kräfte wegen. Nach 1945 blieben Flüchtlinge aus dem deutschen Osten und wurden seßhaft. Alle Verschmelzungsprozesse sind dem Land gut bekommen. Wer es ohnehin nicht mochte, kam gar nicht erst oder ging wieder weg.

Das Wattenmeer ist an der niederländischen, deutschen und dänischen Nordseeküste eine einmalige Küstenlandschaft. Kein Wunder also, wenn die Fremden diese Landschaft entdecken, lieben lernen und erhalten wissen wollen. Das haben sie mit den alten Friesen und ihren Nachfahren gemeinsam. Sie gehen aber auch wachen Auges durch die Gegend und entdecken manche Absonderlichkeiten, die für die Einheimischen selbstverständlich sind. Sie lernen die Landschaftselemente wie Dünen, Halligen, Buchten, Flußmündungen und Wattflächen mit ihren Prielen und Rinnen kennen. Sie beobachten das Brutgeschäft von Millionen von Seevögeln und betrachten das vielfältige Leben im Watt. Sie lernen die wundersamen Zusammenhänge eines einzigartigen Ökosystems verstehen.

Aber sie sehen auch den Tod, der draußen vor den Stränden und Deichen lauert. Sie finden ölverschmierte tote Seevögel und solche, die sich im Kunststoff von verlorengegangenen Fischernetzen verfangen haben und elendig zugrunde gingen. Sie hören von der „Seehundskrankheit", die die Tiere überlebensunfähig macht. Sie lesen in den Zeitungen von kranken Fischen und erschrecken sich, wenn Düsenjäger im Tiefflug über sie hinwegdonnern. Und sie artikulieren offener, weniger zurückhaltend als die Einheimischen, daß die so anziehende und fremdartige amphibische Welt der Uthlande, das Herzstück Nordfrieslands, wohl doch nicht mehr so in Ordnung ist, wie es die farbenfrohen Fremdenverkehrsprospekte glauben machen wollen.

Jahrhundertelang waren die Menschen an der Küste auf sich allein gestellt. Sie lebten mit den Naturgewalten und mußten zu oft mit ansehen, wie das Ergebnis lebenslanger Arbeit binnen weniger Stunden vernichtet wurde. Das hatte die Leute trutzig, aber auch demütig werden lassen. Jahrhundertelang hatten sie sich wenig um Regierungsverordnungen gekümmert. Sie betrafen immer nur andere, nicht aber die Friesen! Amtmann und Deichgrafen verkörperten vielerorts die höchste staatliche Repräsentanz in der kleinen und überschaubaren Welt der Koogsgemeinschaften. Gewiß, manche weltoffenen Gedanken wurden in der Seefahrerzeit von den Fahrensleuten mit nach Hause gebracht. Auch erweiterte alles, was mit der Auswanderung vieler nach Amerika zusammenhing, den Horizont. Die Menschen waren aber weit entfernt davon, Gedanken an den Umweltschutz im Sinne von Schutz für die Natur zu verschwenden. Ihr Schutzinteresse bestand in erster Linie aus dem Schutz des Menschen vor der Natur. Es waren dann auch nur wenige Persönlichkeiten, die vor hundert Jahren unerschrocken die ersten „Vogelfreistätten" angesichts des wachsenden Badebetriebs auf den nordfriesischen Inseln forderten.

Das sollte sich ändern. Auch mancher Einheimische wurde nachdenklich und begann, bange Fragen zu stellen. Vermehrt gelangten die Abfälle der Zivilisation an die heimischen Küsten. Bis an die Halligkanten schwappten die Nachrichten von einer bedrohlichen weltweiten Entwicklung in Sachen Umweltsünden. Das Waldsterben, die Vergiftung der Flüsse, die unsachgemäße Endlagerung von chemischen Rückständen auf Mülldeponien - solche und ähnliche Hiobsbotschaften drangen nicht nur über die Medien und die Fremden in Nordfrieslands Häuser ein. Auch die eigenen Kinder, die über den heimischen Herd hinausgekommen waren, führten daheim aufmüpfige Reden und solidarisierten sich zuweilen mit Atomkraftgegnern, Autobahnverhinderern und Startbahnbekämpfern. Draußen in der Welt mußte also mehr vorgehen, als mancher über den eigenen Hof hinaus erahnen konnte.

Als vor 25 Jahren die Vorarbeiten für die Planung der Bedeichung der Nordstrander Bucht anliefen, wäre niemand auf den Gedanken gekommen, solche Planungen aus Gründen des Umweltschutzes zu verhindern. Die Inbetriebnahme des Eidersperrwerkes im Jahre 1971 wurde noch als ein Jahrhundertwerk des Küstenschutzes gefeiert.

Die tiefsitzende alte Existenzangst der Menschen, die Angst um das nackte Leben kam dann auch wieder zum Vorschein, als die Nordsee in der Nacht vom 3. auf den 4. Januar 1976 mit einer bis dahin nicht gekannten Gewalt zuschlug. Von der jütländischen Küste Dänemarks zwischen Ribe und Tondern bis zur Niederelbe und an der niedersächsischen Küste wurden viele Seedeiche so schwer beschädigt, daß sie weiteren Strumfluten nicht mehr standgehalten hätten. 20.000 Menschen mußten evakuiert werden.

Heinrich Heine, sagt man, hätte über einer Muschelsuppe die Revolution warten lassen. Was für ein köstliches Gericht muß das gewesen sein! Miesmuscheln, die proletarischen Vettern der Austern, jene „Meeresfrüchte", die entlang der Nordseeküste auf sogenannten „Bänken" geerntet werden und die sich besonders im südlichen Deutschland großer Beliebtheit erfreuen, sind ausgezeichnete Indikatoren für Gewässerbelastungen. Muscheln zeigen eine hohe Affinität gegen alle Arten von Schadstoffen, die sich im Körpergewebe einlagern. So scheint es der Muschel geradezu zu bekommen, wenn sie wesentlich höhere Cadmium- und Bleikonzentrationen aufweist als das sie umgebende

Wasser. Die kleinen Schalentiere sind nicht nur bei den Gourmets beliebt, sondern ebenso bei Biologen und Chemikern. Angesichts einer geschätzten Gesamtbelastung der Nordsee mit 3.000 bis 6.000 Tonnen Blei und 530 Tonnen Cadmium pro Jahr ist es kein Wunder, wenn heute Ökotester von allzu häufigem Genuß von Miesmuscheln abraten. Aber den kleinen biologischen Schwermetallagerstätten drohen noch andere Gefahren. Schon 1970 mußte einmal die gesamte Muschelernte aufgegeben werden, weil sie weniger Mineralstoffe als Mineralöle enthielt. Als 1978 der Supertanker „Amoco Cadiz" vor der Küste Frankreichs havarierte, waren binnen weniger Tage sämtliche Austernkolonien unter einem kilometerbreiten Ölfilm erstickt. Immer häufiger macht die Gewässerbelastung durch Ölrückstände auch aus weniger spektakulären Quellen Schlagzeilen.

Heute macht die Eindeichung der Nordstrander Bucht keine Schlagzeilen mehr. Nicht etwa die Miesmuscheln haben dafür gesorgt, sondern die lang andauernde und quälende Diskussion um die Einrichtung eines „Nationalpark Schleswig-Holsteinisches Wattenmeer".

Geblieben aber ist das Vorurteil. Ein mecklenburgischer Junker zwang die Strandinger, über ihre Zeit hinaus zu denken. Die niederländischen Herren hatten es nicht leicht, eine neue Kultur zu schaffen. Eine verarmte lutherische Mehrheit stand ihnen feindselig gegenüber. Ein königlich dänischer Staatsbeamter ließ Gärten anlegen und pflanzte Baumkulturen, den Nordstrandern zu beweisen, daß mittels Windschutz auch auf ihrem Eiland Obstbäume gedeihen. Die Preußen waren dann auch weniger zimperlich. Sie verordneten und diktierten, lösten alte Herrlichkeiten auf und schufen keine Neuen. Nein, eine Nordstrander Gemeindevertretung im demokratischen Nachkriegsdeutschland ist ganz gewiß kein neuer „Insulaner Staatsrat", der aus verwelkten Blumen neue Blüten treibt und ein Minister für Ernährung, Landwirtschaft und Forsten im Lande Schleswig - Holstein kein Landesfürst, der über einen Nationalpark die Nordfriesen in die Knie zwingt.

Viele Gäste, weitgereiste Leute, hat das Haus auf dem Deich in den letzten Jahren beherbergt. Sie alle haben sich anstecken lassen von diesem Land, das denjenigen nicht mehr losläßt, der sich einmal darauf eingelassen hat. Viele vergnügliche Stunden habe ich in diesem Hause erlebt. Es war stets viel Platz in dieser Herberge.

Es gibt aber auch Menschen, die werden wegen dieses Hauses krank. Menschen, die dem Großstadtgetriebe entronnen in totaler Einsamkeit mit einem Male vor sich selbst stehen. Erschütternde Szenen menschlicher Unzulänglichkeit hat dieses Haus gesehen bei denen, die ihren Glauben zusammenrechnen und den Preis addieren, der zu zahlen ist für den so hoch gepriesenen Standard, den unsere Leistungsgesellschaft vorschreibt und dem man nacheifern zu müssen, ganz gleich, ob man will oder kann.

Und immer kämpft man gegen etwas an : Gegen eine Natur, die dem Menschen hierzulande in besonderer Weise zu trotzen scheint; durch winterliche Stürme und eisige Umklammerung, eine frühe Ahnung von Vergänglichkeit und unendlicher Allmacht. Sicherlich, es gibt auch andere Bilder : Eine sommerliche wehmütige Weite und pastellfarbene Einzigartigkeit. Dem Menschen sind hier Grenzen gesetzt. Der Marder reißt in einer Nacht alle Enten, der Habicht holt sich ein Huhn nach dem anderen und die Kaninchen fressen mit Vorliebe die eben erblühten Blumen.

Zu den schönsten Erinnerungen dieser Jahre zählt die Begegnung mit Hanne. Sie kam angereist wie alle anderen Urlauber auch mit viel Gepäck und in diesem Falle mit Mann und Kindern. Sie hatte schwarzes Haar und war fett wie eine Juliwachtel. Sie sah mich an, entwaffnend offen und war von einer so natürlichen Anmut, daß ich verschämt war. Unsere Augen klebten aneinander wie die Wespe am süßen Leim.

Der Herbst kam. Millionen gelber Schilfhalme bogen sich im Wind. Das Wasser begann zu brausen, donnerte gegen den Deich. Der Himmel stellte sich jeden Tag anders. Ich ging oft zu einer Bank, die sich tief ins nasse Gras duckte.

Ein neuer Sommer kam und Hanne mit viel Gepäck.

An einem Abend, als die Sonne sich mehr und mehr nach Westen drehte und sich anschickte, ihre Untergangsposition einzunehmen wie eine getrocknete Schweinsblase, döste ich im hohen Gras vor dem Deich. Auf einmal stand sie neben mir. Zuerst sah ich nur ihre Füße, die ausgetretenen Ledersandalen. Meine Augen wanderten über ihren Körper hin zu ihrem Gesicht. Da stand ein unruhiges Flackern in ihren Augen, eine Mischung aus Herausforderung und Mitleid.

Über dem Wasser hing ein gelber Mond wie eine zuverlässige Laterne.

Ich habe Hanne nicht wiedergesehen. Sie liebt keine spartanische Lebensweise. Sie liebt keine körperlichen Entbehrungen und übermäßige physische Anstrengungen. Und sie hat auch nicht das Gesicht einer feinnervigen griechischen Gemme. Dieses Haus fordert seine Sache wie Konfirmation, Heirat und Richtfest.

Was mein alternatives Leben betrifft, so meine ich nicht die Rückkehr zu einer idealisierten Vergangenheit, die es nie gegeben hat. Es ist ein Vorstoß zu einem neuen Leben mit totaler Verantwortung für das, was man macht oder nicht macht. Es ist die Herausforderung zur täglichen Initiative mit gelegentlichem großen Erfolg, aber auch bodenlosem Mißerfolg. Wer kennt schon die Last, die alte Häuser an sich haben. Wer kennt schon die baulichen und sonstigen Mängel und vor allem das Unvorhergesehene? Das Haus auf dem Deich fordert eben doch mehr als nur Können, es fordert ein Stück von einem selbst. Darüber bin ich einer Welt näher gekommen, die ich zwar einigermaßen kannte, doch nie richtig begriffen, geschweige denn verinnerlicht hätte. Ich wurde, wie viele meiner Vorbesitzer auch, nur aus Zwang Eigentümer. Nicht das dicke Mauerwerk, der solide gezimmerte Dachstuhl, welcher allen Stürmen trotzte, machten den Charme aus. Es ist ganz einfach die Lage, die so abseits aller planierten, urbanisierten, betonierten und architektonischen Errungenschaften unserer Jahre liegt. Nicht nur ich, auch die Fremden haben dieses Haus entdeckt. Ob Paul Jacobsen oder Bahne Domeyer diesen Wert zu schätzen vermochten? Ich weiß es nicht, denn Schafe, Gänse und Hühner, heute als Attraktion für stadtmüde Urlauber gehalten, waren damals die Grundlage für eine bescheidene Existenz. Aber in einem hat sich nichts geändert. Die Bauerngemeinschaft im Koog hatte damals wie heute dieses Haus immer achtlos behandelt. Man maß sich untereinander, nicht aber mit einem Tagelöhner. Bahne Domeyer hatte darüber seine eigene Lebensphilosophie entwickelt. Meinen Vorbesitzern nahm der Deich- und Sielverband sogar ein Stück Land ab, das früher dazu gehörte, weil sie es nicht ordentlich bewirtschafteten. Ich bemühe mich, diesem Haus den Stellenwert zu geben, den es verdient. Darüber habe ich diese Geschichte geschrieben. Sie ist wie eine Allee ohne Bäume. Man geht daran entlang und entdeckt manche Absonderheit. Der eine Baum steht gerade keck aufrecht, dem anderen sind die Äste krumm gewachsen, dem einen sterben sie ab, und der andere treibt fleißig neue Sprößlinge.

Im letzten Jahr segelte ich von Nordstrand nach Südfall. Die Flut lief nach Westen ab, leise und unmerklich. Wasser sickerte durch tausend kleine Rinnen, gluckerte hier und da, spielte um die Pricken. Im Watt standen auch Bäume da, kleine abgehackte Birken, verwundet in ihrer jungen Natur, lieblos in den Sand gesteckt. Doch jetzt als Pricken dienen sie der Orientierung, den richtigen Weg weisend, im Meer der Sandbänke und Rinnen, der Priele und Löcher. Die Watten sind trügerisch wie die Hoffnungen der Menschen an ihrem Lebenswerk.

Es hat in der ganzen Geschichte Nordfrieslands nie Klöster gegeben und nur eine Burg. Troiburg hieß die einst beachtliche Anlage nordwestlich von Tondern im heutigen Dänemark. Das Bauwerk wurde nie eingenommen und fand ein ruhmloses Ende als Steinbruch. Nur wenig ist erhalten geblieben. Auf einer steinernen Skulptur aber liest man heute noch: „Schätze sammelst du und Burgen erbaust du, als seist du unsterblich. Morgen stirbst du, und du weißt nicht, wem dann der Nachlaß gehört".

# Einige Begriffserläuterungen

**Allgemeine Deichreglement:** Gesetzliche Grundlage für Deichbau, sicherungs- und Unterhaltungsverpflichtungen, trat 1803 in Kraft und wurde mehrfach verändert, später vom Schleswig-Holsteinischen Wassergesetz abgelöst.

**Barre:** Flache Zone an der Mündung eines Seegates oder Flusses in die offene See.

**Bestmann:** Nach dem Schiffsführer 1.Hand auf einem Küstenschiff. Gebräuchlich für einen Mann, der auf einem Boot alles kann ohne selbst Schiffseigner zu sein.

**Deichgraf:** Gewählter Vorsteher von Deich- und Sielverbänden, verantwortlich für die Deichsicherheit.

**Der Zehnte:** Steuerabgabe auf Ländereien für die Unterhaltung der kirchlichen Einrichtungen und Besoldung der Pastoren.

**Dwarsloch:** Nautische Bezeichnung eines Stromtiefs in der Norderhever in der Nähe der Hallig Südfall.

**England:** Ein Ortsteil auf Nordstrand, kommt von „enges Land".

**Fach:** Maßeinheit für Fachwerkbau.

**Fennen:** Bezeichnung für Weideland.

**Fideikommiß:** Familiengut, dessen Unveräußerlichkeit und Vererbung gesetzlich geregelt war. In Deutschland nicht mehr rechtsverbindlich.

**Fuß:** Altes deutsches Längenmaß = 12 Zoll = 31,385 cm. Nordstrander u. Pellwormer Maß = 0,298 m.

**Geest:** Bezeichnung für den Mittelrücken Schleswig-Holsteins, aber auch für höher als die Marsch gelegene Gebietsteile; im übertragenen, spotthaften Sinne die „übrige Welt" mit abwertendem Charakter.

**Halligflieder:** Sammelbegriff für die Vegetation auf Salzwiesen. Einzelne Pflanzen sind Meeresstrandwermut, Strandaster, Meersenf, Bondestave.

**Jansenismus:** Von dem niederländischen Theologen Cornelius Jansen (1585 - 1638) gegründete katholisch orientierte aufgeklärte Prädistiantionslehre. Von den Jesuiten bekämpft und unterlegen.

**Kaiserliche Botschaft:** Bismarcks Sozialgesetzgebung zur Bekämpfung der Sozialdemokratie.

**Kooginspektor:** Überholter Begriff aus der Zeit, als ganze Köge noch im Eigentum ihrer Bedeicher standen. Verwalter, der im Auftrage der Eigentümer handelte.

**Lahnungen:** Pfahlreihen, in die Reisig und Buschwerk verbaut ist, um Schlick aufzufangen; dienen der Landgewinnung.

**Nordstrander Herrlichkeit:** Auch Herrenkammer genannt, die Versammlung aller Eigentümer an Grund und Boden auf Nordstrand, zu vergleichen mit einer heutigen Gemeindevertretung. Das Stimmrecht staffelte sich nach der Größe des Eigentums. Eine Besonderheit, die es nur auf Nordstrand gab. Durch den Oktroivertrag von 1652 gingen alle Hoheits- und Besitzverhältnisse auf die Hauptpartizipanten über. Sie waren uneingeschränkte, autoritätsbewußte Herrscher auf der Insel. Die Hauptpartizipanten konnten sich durch Beauftragte oder Vertrauensleute vertreten lassen. Von einem Parlament im heutigen Sinne konnte keine Rede sein, denn nicht umsonst sprach man von der „Herrlichkeit". Bei den Sitzungen war es üblich, lange holländische Pfeifen zu rauchen.

**Oratorium:** Hier gemeint das 1691 gebaute Haus der „Congregation des Oratoriums Jesu" zur Versorgung der Nordstrander Pfarrei, in welches der niederländische Klerus einrückte. Das Haus war lange Zeit Mittelpunkt des geistigen Lebens auf Nordstrand und hatte nicht unerhebliche Besitzungen. Später wurde es Hauptsitz der Gegenspieler zum Nordstrander Jansenismus, brannte 1806 ab und wurde in der alten Form nicht wieder aufgebaut.

**Pesel:** Die gute Stube eines Hauses.

**Pricken:** Seezeichen in flachen Küstengewässern. Meistens sind es Stangen mit besenartigen Markierungen an der Spitze.

**Rummelpott:** Alter Brauch am Altjahresabend. Kinder gehen mit der getrockneten Schweinsblase, die über ein Gefäß gespannt ist und durch die ein Stab gesteckt ist, von Haus zu Haus, machen Lärm und bitten um Gaben.

**Spadelandrecht:** Mittelalterliches, geschriebenes Deichrecht, welches alle Küstenbewohner zu Hand- und Spanndiensten im Deichbau und in der Deichsicherung verpflichtete. Das Recht wurde so streng gehandhabt, daß derjenige, der nicht mit helfen wollte zu deichen oder nicht konnte, des Landes verwiesen wurde. Wer dies freiwillig tun wollte, steckte seinen Spaten in den Deich und tat damit kund, daß er das Land verlassen wolle.

**Stint:** Lachsfisch an der Küste, laicht in Flüssen, wenig geschätzt.

**Vorland:** Das Land vor den Deichen, das durch natürlichen Anwuchs entsteht.

**Uthlande:** Das Land „außen", vor dem Festland. Heute die Inseln und Halligen vor der Stadt Husum gelegen.

# Quellen und Literatur

**Jürgen Schröder:** „Bemerkungen zur Siedlungsgeschichte der holsteinischen Elbmarschen". Zeitschrift für Agrargeschichte und Agrarsoziologie, 1989.

**Paul Barz:** „Der wahre Schimmelreiter", Ernst-Kabel-Verlag, Hamburg.

**Ernst von Bertouch:** „Vor vierzig Jahren", Jahrbuch des Heimatbundes Nordfriesland, Band 26. Bayrischer Schulbuchverlag, München; Gedichtsammlung „Damit uns Erde zur Heimat wird".

**Waldemar Augustiny:** „Die große Flut", Druck- und Verlagsgesellschaft Husum.

**Willi Hansen:** „Die Halliggräfin von Südfall", Eigenverlag Nordstrand.

**Fritz Karff:** „Nordstrand, Geschichte einer nordfriesischen Insel", Christian Wolf Verlag. Flensburg.

**Karl Kuenz:** „Nordstrand nach 1634", Eigenverlag, Singen.

**Greta Marcussen:** „Junge Jaarn op Nordstrand", Franz-Westphal-Verlag, Scharbeutz.

**Nicolai Möllgaard:** „200 Jahre Elisabeth-Sophien-Koog", Manuskript.

**Georg Kullik - Hans Harro Hansen:** „Das Gesetz wider den Willen - über den Nationalpark Schleswig-Holsteinisches Wattenmeer - seine Entwicklung und seine Bedeutung", Eigenverlag.

**Hans Harro Hansen:** „Sigge Paulsen", Verlag Dieter Broschat, Nordstrand.

**Andreas Reinhardt:** „Die erschröckliche Wasserfluth", Heft Nr. 9 des Nordfriesischen Vereins für Heimatkunde und Heimatliebe e.V., Langenhorn.

**Peter Schmidt-Eppendorf:** „Die katholischen Geistlichen auf Nordstrand seit 1654", Kath. Pfarramt Nordstrand.

**Friedrich Pingel:** „Vor 350 Jahren wurde die Insel Alt-Nordstrand zerstört", Husumer Nachrichten, Jahrgang 1984.

**Bernhard Dose:** „Lebenserinnerungen", Manuskript.

**Zitate im Text:**

[1]) Fritz Karff „Nordstrand, Geschichte einer nordfriesischen Insel"

[2]) Thies Hinrich Engelbrecht „Das Heimatland der holländischen Kolonisten der Elbmarsch". Nordelbingen, Beiträge zur Heimatforschung in Schleswig-Holstein, Hamburg u. Lübeck, 6. Band 1927, S. 400-409

[3]) Friedrich Pingel „Nordfriesische Nachrichten" Jahrgang 1984 Seite 14

[4]) Fritz Karff „Nordstrand, Geschichte einer nordfriesischen Insel"

[5]) Peter Schmidt-Eppendorf „Die katholischen Geistlichen auf Nordstrand nach 1654"

[7]) [8]) Peter Schmidt-Eppendorf "Die katholischen Geistlichen auf Nordstrand nach 1654"

[6]) [9]) Willi Hansen „Die Halliggräfin von Südfall"

[10]) Bernhard Dose „Lebenserinnerungen, geschrieben auf dem Dampfer, 1922"

# Inhalt

Von denselben Verfassern ist erschienen:

## „Das Gesetz wider den Willen —
über den Nationalpark
Schleswig-Holsteinisches Wattenmeer"

und mit Robert Brauer:

## „Südfall —
die Geschichte einer Hallig"

Erhältlich bei Georg Kullik
England 17 · 2251 Nordstrand · Tel. 0 48 42/85 29